Dinero Gratis

PARA EL MUNDO HISPANO

Dinero Gratis

PARA EL MUNDO HISPANO

Dinero Gratis ™ Para El Mundo Hispano

This Edition has been published by M/de la/R Publishing
For information, address to:

M/de la/R Publishing
P.O. Box 5692
Fort Lauderdale, FL 33310

Bar Code Number: 978-0983241751

Interior Design: M/de la/R Design, Fort Lauderdale, FL
Cover Artwork: Menfis Marmolejos, Seraphim Works, Inc.

Manufactured in the United States of America

Tabla de Contenidos

Unidad 2: Concesiones

NOTA AL LECTOR

Queridos amigos,

Desde la fundación de los Estados Unidos de Norte América como nación en el 1776, el propósito de la población Americana ha sido el obtener un mejor estilo de vida. El principal objetivo que impulsó la independencia del país de la corona Inglesa fue la delegación de impuestos sin representación. La población de ese entonces simplemente estaba desesperada y pasando por tiempos de alta tensión económica sin esperanza alguna de que su gobierno les iba a responder por sus necesidades.

De igual manera, nosotros nos encontramos en tiempos de alta presión económica, pero lo que tenemos a nuestro favor, que no tenían ellos en sus tiempos, es un gobierno que de una manera u otra – sin importar inclinación política - responde a las necesidades primordiales de su pueblo. El epitafio del sueño Americano no es únicamente una frase popular, es un hecho que hemos presenciado de primera mano y en algunas ocasiones hemos alcanzado nosotros mismo.

Ese es el propósito de este libro, ayudar a la población Hispana en Estados Unidos a acercarse un poco mas a ese sueño Americano del que tanto oímos, tomando ventaja de todas las oportunidades brindadas por el gobierno - muchas de las cuales dan **DINERO GRATUITAMENTE** a la población. **¿Quieres comenzar tu negocio? – El gobierno te puede proveer dinero gratis para este fin; ¿quieres pagar tus cuentas o salir de vacaciones? – el gobierno te puede proveer dinero gratis para esto; ¿quieres comprar una casa? – el gobierno te puede proveer dinero gratis para esto también.** Y no solamente para estas cosas, sino también para muchas otras más. Algunas de estas oportunidades son conocidas, como el típico reembolso del IRS a personas que han pagado impuestos Federales sobre su nivel, muchas otras son mucho más oscuras, y la mayoría de la población, especialmente la del mundo hispano, nunca han oído de ellas porque el gobierno no las anuncia.

Yo no soy un abogado, no soy un experto financiero, pero si soy una persona que trato de escudriñar todo lo que está disponible y trato de tomar la mejor decisión. Y lo que he encontrado es que hay dinero, mucho dinero disponible, dinero totalmente gratis, para las personas que lo solicitan. Y ¿que es mejor que obtener dinero gratis? Seas rico, pobre, estés en bancarrota, o en un hotel de cinco estrellas, tengas buen crédito, o un mal crédito... todo el mundo es elegible para obtener este dinero. Mi propósito es que todo el mundo entienda, especialmente el mundo de habla Hispana, que hay dinero gratis disponible del gobierno y muchas otras organizaciones, que este dinero puede ser utilizado para tus necesidades sin miedo de tener que pagar o reembolsarlo, y que hay suficiente para todos.

Como libro de información hemos tratado de mantenerlo lo mas actualmente posible, algunos de estos programas cambian con el tiempo, por eso te motivo a que tomes acción inmediata y comiences a aplicar el conocimiento disponible en este libro. No hay tiempo que perder, este dinero está ahí y está esperando. Solo falta una cosa, que tú, como lector, tomes acción y apliques por tu dinero gratis.

UNIDAD 1

DINERO GRATIS

INTRODUCCION

NUESTRO PROPOSITO ESCRIBIENDO ESTE LIBRO

Mi propósito escribiendo este libro es informar a la población Hispana. Quiero que todos sepamos que hay dinero gratis disponible para todos. Seas rico o pobre este libro es para ti, porque ese dinero gratis es para ti. Nosotros sabemos que la mayoría de las personas ricas saben como ahorrar dinero. Ellos saben mas que nadie como aprovechar todo los beneficios que les son ofrecidos por el gobierno u otras organizaciones. Ellos saben de muchos de estos programas de los que estaremos hablando en este libro y toman total ventaja de ellos.

Muchas veces vemos familias, amigos, y hermanos que están pasando por necesidades; personas de trabajo, de lealtad a la sociedad, orgullos de nuestras comunidades, y no encontramos como ayudarles. Algunos se ven desesperados, otros pasan hambre, y otros aun desisten y deciden regresar a sus países de origen sin saber que hay opciones para obtener dinero gratis y así poner en marcha sus vidas y sus sueños. Quiero decirte que eso se acabó. El mundo Anglo-sajón ha conocido por años estos secretos, pero por una razón u otra nosotros los hispanos nos hemos quedado atrás. Eso se terminó, hay que ponerle fin a que solo un pequeño grupo de la población tome todo el beneficio mientras el resto se consume en la ignorancia - porque muchos de ellos quieren que nos mantengamos en la ignorancia y así perdamos acceso al dinero que nos pertenece. Espero que te prepares para leer este libro, lo estudies, y no solo eso, sino que comiences seguidamente a aplicar este conocimiento.

Mi propósito personal es darle al pueblo hispano la llave a un mejor futuro. Entregarles a personas en necesidad el conocimiento y las herramientas necesarias para salir de sus problemas; y disponer de los miles de programas gubernamentales o privados que proveen de dinero gratis a la población. Mientras más investigo estos programas mas aprendo, y mientras más aprendo, quedo con más deseo de compartir el conocimiento adquirido con mi comunidad.

Así que prepárate, voy a dispensar todo lo que conozco sobre el tema. ¡Alguien tiene que hacerlo!

¿PORQUE LOS ESTADOS UNIDOS ES UNA GRAN NACION?

No importa lo que pensemos personalmente sobre este país, tenemos que reconocer una cosa, Estados Unidos es una de las naciones del mundo que mas dinero invierte en su población. La mayoría de nosotros hemos inmigrado a esta nación de lugares que sinceramente no son responsables en cuanto a sus deberes hacia su población, y esta nación, exitosamente o no, trata de serlo.

Esa es la raíz principal detrás del principio de dinero gratis. A través de la historia, el gobierno Americano ha tratado de ser responsable con su población creando diversos programas de reembolso monetario y de servicios para sus residentes. Mira que trato de evitar usar la palabra ciudadanos, ya que muchos de estos programas también cubren a personas indocumentadas o residentes ilegales.

En el 2009 más de 1.08 Trillones de Dólares (Si, leíste bien, TRILLONES DE DOLARES) fueron dados por el gobierno e organizaciones privadas de forma gratis a la población. No como préstamo, no con la esperanza de que se le reembolsara al gobierno, sino, dinero totalmente gratis para que la gente lo utilice en la creación de trabajos, en inversiones, en compras, para pagar sus cuentas, en si, para mantener la economía moviéndose.

DEPARTAMENTOS POR LOS CUALES FUERON ENTREGADOS LOS FONDOS	CANTIDAD ENTREGADA
Departamento de Salud y Servicios Humanos	$259.80 Billones de Dólares
Departamento de Educación	$100.83 Billones de Dólares
Departamento de Casas y Desarrollo Urbano	$42.70 Billones de Dólares
Departamento de Transporte	$37.65 Billones de Dólares
Departamento de Agricultura	$15.65 Billones de Dólares
A Negocios Pequeños	$150 Billones de Dólares
Por Necesidades Personales y Circunstancias Excepcionales	$94.5 Billones de Dólares
A Minoridades	$55 Billones de Dólares
Para Estudios y La Ciencia	$95 Billones de Dólares
Para Desarrollo Comunitario	$35 Billones de Dólares
Para Organizaciones Sin Fines de Lucro	$100 Billones de Dólares

Cada día millones y millones de este dinero gratis gubernamental están siendo entregados a personas como tú. Sin embargo, muchos de estos millones no son reclamados por la población por falta de conocimiento. Este es dinero que ha sido apartado para ser dado, pero que por la gente no saber que está disponible, se encuentra estancado, sin uso, y en muchos casos regresa a los fondos del gobierno federal o a los fondos estatales. Este es dinero gratis que tú podrías estar utilizando para sobrepasar malos tiempos económicos, para pagar tus deudas médicas, e inclusive mientras comienzas una nueva carrera. El gobierno tiene este dinero disponible, lo único que tienen tú, tus amigos, o tu familia que hacer es aplicar.

Por ejemplo, puedes obtener 20,000 dólares para reparar tu casa, 50,000 dólares para comenzar tu nuevo negocio, y mas dinero aun para pagar tus cuentas (billes). Este es dinero que nunca tendrás que pagar, ¿porque razón? por que es ¡¡Tuyo!!

DINERO GRATIS PARA TODOS - RESIDENTES LEGALES E ILEGALES

Muchas personas pensaran que este dinero gratis entregado por el gobierno es únicamente para el ciudadano Americano. Si piensas así, tengo una sorpresa para ti, ¡¡ESTAS EQUIVOCADO!!

Este dinero gratis que el gobierno entrega a la población, no debería ser llamado gratis, porque proviene de nuestros impuestos – impuestos sobre la renta, impuestos sobre la venta, impuestos sobre la vivienda – todo lo que se vende o compra en esta nación paga impuestos al gobierno y por ende toda persona que vive en la nación, legal o ilegalmente, esta colaborando a la creación del fondo de dinero gratis que es entregado a través de estos programas federales.

Usualmente oímos en las noticias sobre fondos que el gobierno aparta para diferentes causas, pero no entendemos que esa diferentes causas se aplican a nosotros. Si el gobierno aparta miles de millones de dólares para el desarrollo urbano no entendemos que realmente significa para arreglar nuestras casas; si el congreso aprueba una legislación para proveer a la población de miles de millones para la salud, no entendemos que ese dinero esta destinado para proveernos de servicios médicos gratis. Lo que sucede es que la mayoría de las personas, especialmente de habla hispana, no saben sobre este dinero gratis que está disponible para ellos, y el gobierno no lo va a anunciar.

ACCESAR EL DINERO GRATIS ES BIEN FACIL

Tal vez pensaras que obtener este dinero gratis debe ser una hazaña del otro mundo; que para obtenerlo tienes que ir a un abogado o a un especialista, y te sorprenderías saber que ¡NO! Obtener dinero gratis del gobierno es totalmente fácil. La mayoría de estos programas solo requieren simples aplicaciones, otros solo requieren que hagas un par de clics en una website, pero todas terminan proveyéndote de dinero gratis.

Para tener acceso a tu dinero solo tienes que seguir dos principios: 1) El Conocimiento y 2) La Acción.

El conocimiento es muy fácil, te lo estoy proveyendo en este libro, pero si requiere algo de tu parte. Requiere que tú leas y encuentres los programas que se aplican a ti, o tu familia. Hay millones de hispanos en este país pasando por situaciones económicas imposibles de pensar que tienen dinero gratis del gobierno sentado esperando que ellos pregunten por él, y no lo tienen. Con este conocimiento estas un paso en frente de ellos, ya sabes que hay dinero disponible para ti y tu familia, solo falta que también incorpores la segunda parte.

Como he dicho anteriormente, muchas personas no saben de la disponibilidad de estos programas, otros saben de algunos, pero lo que tienen todos en común es que no aplican su conocimiento. La acción es esencial, de la misma manera que el gobierno no anuncia estos programas no va a venir a tu casa, tocar en tu puerta, y verificar por ti si calificas o no para los programas de dinero gratis. Al contrario este es tu trabajo, después que tienes el conocimiento, tienes que aplicar por tu dinero.

7 | Introducción

El gobierno sabe que miles de millones de personas dentro de Estados Unidos necesita de este dinero, por eso lo han hecho disponible a todo el que aplica. Pero ellos no van a aplicar por ti, ni te van a salir buscando, tú tienes que buscar tu dinero.

Un ejemplo muy claro es el mío propio. Hace varios años una reestructuración corporativa motivó a mi empleador a despedirme con más de una docena de empleados. En ese entonces no tenia la menor idea de que el gobierno proveía programas de dinero gratis para la población, y perdí miles de dólares que me corresponderían a través de programas gubernamentales que me pagarían para que buscase empleo si hubiese aplicado. Pasé por varios meses de incertidumbre económica, tuve que utilizar mis pocos ahorros para comenzar mi propio cambio laboral – cuando si hubiese estado informado, el gobierno me hubiese proveído dinero gratis para eso sin tener que exhaustar mis recursos. Mi nueva profesión me llevó a encontrarme nuevamente sin trabajo ya que decidí en ese entonces en convertirme en un profesor de historia en grados medios (Middle School). Al entrar la resección en su efecto pleno muchos profesores escolares perdieron sus trabajos porque los distritos escolares no tenían presupuesto suficiente para mantenerlos. Por solo tener un año y medio de empleo como profesor, fuí uno de los primeros profesores en recibir un lay-off y ser eliminado de mi trabajo. Me encontraba nuevamente sin trabajo, pero ahí fue cuando mi vida cambio drásticamente. El esposo de una compañera de trabajo, un muy buen amigo y consejero financiero, me introdujo al mundo del dinero gratis proveído por el gobierno, y mi primera aplicación fue a un programa gubernamental que me pagó para que yo buscara empleo.

Comencé a recibir un cheque mensual de $1,100 dólares de parte del gobierno para que buscara trabajo. Lo hice de esa manera, pero también comencé a aplicar todo el conocimiento que estaba adquiriendo en estos programas. En este tiempo ayude a arreglar mi casa, mejore mi crédito, y hasta salí de vacaciones, todo utilizando el conocimiento de dinero gratis que había adquirido.

Ahora es tu tiempo, el dinero tuyo está ahí esperando por ti. El desempleo es solo uno de miles de programas disponibles. Tal vez no todos califiquemos para el desempleo, créeme, no se lo deseo a nadie, pero si hay miles de programas para los cuales puedes calificar y recibir un cheque de igual manera sin tener que estar desempleado. Solo tienes que aplicar.

¿DE DONDE VIENE ESTE DINERO GRATIS?

La mayoría del dinero gratis del gobierno proviene de concesiones (Grants) del gobierno. Concesiones son dinero que el gobierno entrega sin ninguna responsabilidad alguna. No tienes que regresarlo, no tienes que pagarlo, no hay intereses, es TOTALMENTE GRATIS. Y no solo concesiones sino también reembolsos, dinero que tú o tus familiares han olvidado, regalos de fundaciones, y becas.

Muchos de estos dineros provienen de programas federales preparados por el gobierno para este fin. El fin de entregar el dinero. Otros provienen de organizaciones sin fines de lucro, mientras que otros también provienen de fundaciones privadas.

El IRS es otra organización a la que muchos no recurrimos, especialmente en el caso de los inmigrantes ilegales. Una de las cosas que he aprendido en el tiempo que tengo hablando sobre el dinero gratis del gobierno es que las personas indocumentadas no le tienen mucha confianza al gobierno. Y con mucha razón. A esta fecha se han cometido demasiadas injusticias contra gente que solamente busca trabajar y obtener un mejor futuro para ellos y los suyos. Sin embargo, si entendemos la estructura del gobierno Americano nos daremos cuenta que hay ciertas prohibiciones que funcionan a favor de los indocumentados.

Todo inmigrante, documentado o indocumentado, que tiene un trabajo está pagando impuestos al gobierno. Déjame ser claro. Por cada cheque que recibe el empleado, el gobierno recibe sus impuestos del empleador a través del IRS. Estés aquí legalmente o ilegalmente, el gobierno está colectando dinero de ti. Y el IRS está más que interesado en seguir colectando más dinero de ti. Mientras mas dinero obtiene el IRS mejor luce como agencia federal, porque mas dinero puede proveer al gobierno para gastar oficialmente en obras de infraestructura y en empleos federales, por eso les favorece que la mayor parte de la población trabaje, legal o ilegalmente.

Ahora el miedo mayor que tienen las personas indocumentadas es de ser reportadas por el IRS y consecuentemente deportadas. Esto es imposible. ¿Porque razón? La agencia en cargo de deportaciones es el INS ahora ICE, no el IRS. Inclusive, para fines de deportación o reportación estas agencias no se comunican la una con la otra.

Como te dije anteriormente el propósito del IRS es colectar la mayor cantidad de dinero posible de la población trabajadora, esté aquí legalmente o ilegalmente. Si esa población trabajadora es reducida por deportaciones, el IRS como agencia se posiciona a perder dinero. Ósea, el gobierno comienza a perder dinero. El IRS como agencia no está interesado en deportar a nadie, y por eso ha establecido que no reportará a personas que sospechas de ser indocumentados a la agencia en cargo de deportaciones.

Al contrario, el IRS ha creado programas que facilitan que los inmigrantes indocumentados que se encuentran trabajando en la nación reporten sus impuestos a través de lo que se conoce como el ITIN. Un número especial que fue establecido en el 1996 y a través del cual millones de personas indocumentadas reciben millones en dinero gratis del gobierno cada año.

Por ejemplo, desde el 1996 cuando el programa fue creado más de 7.3 Millones de personas han obtenido un ITIN creado por el IRS. Estas son personas que como muchos se encuentran en su mayoría indocumentadas en la nación. En el 2001, $151 Millones de Dólares fueron pagados a personas que se encontraban en el país ilegalmente. Cada año, el IRS recibe un aumento de 1.5 Millones de aplicaciones nuevas para este programa. *(* New York Times- www.nytimes.com/2007/04/16/nyregion/16immig.html?ex=1334376000&en=9b21a57a590afb53&ei=5090&partner=rssuserland)* Estas son solo las personas que saben de este programa. Hay millones y millones de inmigrantes indocumentados trabajando en los Estados Unidos, tal vez eres uno de ellos, que tienen dinero gratis que les pertenece pero por falta de conocimiento no lo reciben anualmente.

Seguiremos hablando en detalle sobre lo que es el ITIN y como personas indocumentadas pueden recibir dinero gratis del gobierno también en el capitulo devotado a los indocumentados.

ESTE DINERO ES PARA LOS RICOS TAMBIEN

Muchos pensarán que este dinero es solo para los pobres. Y también estarán equivocados. De todo el dinero dado por el gobierno solo un 12% es reclamado por personas de pobres recursos. Solo el 12%. Eso quiere decir que la mayoría de este dinero esta siendo reclamado por los ricos o personas que no sufren de urgente necesidad.

Lo que mucha gente no sabe es que para recibir dinero de algunos programas gubernamentales el gobierno te considera en necesidad si tienes $750,000 dólares en el banco (En mi opinión esa es una persona relativamente rica). En otras circunstancias el gobierno considera a una persona que hace $80,000 dólares anuales como una persona de bajos recursos. Leíste bien, **$80,000 DOLARES ANUALES**.

¿Porque te digo esto? Porque hay más 50 millones de personas, ricos y pobres, que no saben que hay dinero gratis que el gobierno esta entregando. Que no saben que este dinero les pertenece, y que no saben que si no lo utilizan para sus fines, la gran mayoría de este dinero será re-absorbido por el gobierno. Eso son 50,000,000 (Millones) de personas, muchos de los cuales son inmigrantes; inmigrantes que recientemente llegan a la nación y no saben, o inmigrantes que como yo, después de décadas en los Estados Unidos, no hemos aprendido de los grandes beneficios con que nos presenta esta gran nación.

¡ASI QUE PREPARATE, APRENDE Y APLICA!

CAPITULO 1

DINERO GRATIS: OLVIDADO O PERDIDO

Una de las cosas que más me fascina en la vida es el encontrar dinero. Tal vez te fascine a ti también. Imagínate cuando estas lavando la ropa y de momento encuentras veinte ($20) dólares en un bolsillo sin saber que estaban ahí. O cuando estas limpiando tu bolso y de momento te encuentras con una papeleta de $100 que no sabias tenias. Se siente bien, sorpresivo, y al mismo tiempo excitante.

De la misma manera funcionara este capitulo. Cada año, miles y millones de personas olvidan o pierden millones de dólares en dinero no reclamado o propiedades no reclamadas.

> Hasta hoy en día hay mas de **32.877 BILLONES DE DOLARES** en cofres estatales de los cuales **1.754 Billones** fueron entregados a sus dueños.

¿QUE SON DINEROS NO RECLAMADOS, TE PREGUNTARAS?

De acuerdo a NAUPA, la organización federal a cargo de dinero y propiedades no reclamadas, - propiedades (Dinero) no reclamado se refiere a cuentas en instituciones financieras y compañías que no han generado actividad o contacto con el dueño por un año o mas. Algunas formas comunes de propiedades no reclamadas incluyen cuentas de cheques o ahorros, acciones, dividendos no cambiados, cheques de empresas empleadoras no cambiados, reembolsos, cheques de viajeros, distribuciones de herencias, Money orders no redimidos, certificados de regalos (gift certificates; solo en algunos estados), pagos de seguros o reembolsos de pagos de seguros, y pólizas de seguros de vida, anuidades, certificados de deposito, sobrepago del cliente, deposito de seguros por utilidades, etc. (www.unclaimed.org/what/).

Hasta el día de hoy, hay más de 32.877 Billones de dólares en manos del gobierno que pertenece a personas como tú y yo. Solo en dinero no reclamado. De estos 32.877 Billones solo 1.754 Billones fueron entregados a sus dueños en reclamos en el 2006. Eso quiere decir que hay mas 30.00 Billones de dólares estancados en cuentas estatales solo porque las personas a las que les pertenece no lo han reclamado. ¿Cuantos de esos 30 Billones te pertenecen a ti?

Lo más importante de todo es que es bien fácil saber si tienes dinero no reclamado o no. Veras, el gobierno ha establecido al NAUPA (National Association of Unclaimed Property Administrators) para enactar una ley que protege los fundos perdidos u olvidados de ser revertidos de nuevo a las compañías que los originaron si ellos han perdido contacto con el dueño. Esta ley instruye a estas compañías a transferir los fondos olvidados a un oficial estatal que se encarga de tratar de contactar al dueño o a su descendencia. Mientras tanto el estado mantiene esos fondos en cuentas estatales hasta que el dueño sea encontrado. Sin embargo, miles y millones de personas se mudan, divorcian, y otras mueren, haciendo el proceso de regresar el dinero no reclamado más arduo para los oficiales estatales, por lo cual millones no son encontrados.

COMO COMENZAR LA BUSQUEDA

En un esfuerzo de utilizar la tecnología para el provecho del pueblo el NAUPA ha creado bases de datos que pueden ser accesados por el internet. No solo eso, sino que, en muchas situaciones personas se han mudado de estado a estado dejando en cada uno de ellos dinero no reclamado. Como los fondos son regresados a cuentas estatales, la persona que fuese a reclamar esos fondos tendría que contactar a las oficinas de reclamos de cada uno de esos estados por separado. Para evitar eso el NAUPA estableció estas bases de datos en sus websites.

A toda persona que esté interesada en dinero gratis le recomiendo comenzar su búsqueda por este sitio, **www.missingmoney.com**. Esta es una website endorsado por el NAUPA y que contiene records oficiales de la mayoría de los programas estatales relacionados a dinero no reclamado en un solo lugar. También es totalmente gratis. ¿Y que tan fácil es de saber si tienes dinero no reclamado o no, te preguntaras? Con solo tu nombre y apellido, y el estado donde has vivido, te darás cuenta de si tienes dinero que reclamar o no, en que estado se encuentran los fondos, y si son más de $100 dólares o no, en si, tendrás acceso total a dinero que nunca pensaste existía.

DINERO NO RECLAMADO DEL GOBIERNO FEDERAL

No todo el dinero no reclamado se encuentra en manos de los gobiernos estatales, también hay una gran cantidad en manos del gobierno federal. Por ejemplo, vamos a decir que cuando eras niño tus padres abrieron una cuenta de ahorros en tu nombre y después de los años fue olvidada, o que tu abuelita compró Bonos del gobierno que nunca reclamó, o que después de varios años de trabajo para una empresa te mudaste y no cambiaste tu último cheque. De todas maneras, este dinero te pertenece.

Tal vez la empresa o el banco trató de ponerse en contacto contigo pero no pudieron, ya que por ley están obligados a enviar correspondencia en relación a los fondos no reclamados a la última dirección que han tenido de ti. Tal vez llegó la correspondencia y la tiraste a la basura. No importa la razón, ese dinero de una manera u otra todavía te pertenece y puedes reclamarlo.

De acuerdo a un reportaje de ABC news, 1 de cada 8 personas en los Estados Unidos tiene dinero no reclamado que le pertenece que oscila entre los $800 a los $1,000 dólares por persona. (abcnews.com/m/screen?id=3644288). Eso quiere decir que tú podrías ser una de esas personas.

1 de cada 8 personas en los Estados Unidos tiene **entre los $800 a $1,000 Dólares** en dinero no reclamado.

Para ver si tienes dinero no reclamado en bonos del gobierno federal recomiendo visitar el www.savingsbond.gov, esta website del gobierno es también gratis. Al final de la lista bajo la columna destinada a individuos (ya que hay tres columnas – individuos, instituciones, y gobierno) encontraras un link titulado (Check Treasury Hunt to See if You Own Matured Savings Bonds) o chequea la tesorería para ver si soy dueño de bonos maduros.

Otro lugar donde también puedes encontrar mas información sobre dineros no reclamados es **www.unclaimedassets.com**, esta website te permite buscar la misma información que missingmoney.com pero por un cargo de $18 dólares.

Si encuentras dinero en unas de estas páginas web tendrás que reclamar el dinero. En todas ellas las instrucciones se encuentran ahí mismo, así que solo síguelas. Te sorprenderás cuando recibas por el correo un cheque en tu nombre con dinero que nunca habías pensado tenias.

Aunque la última pagina web carga por sus servicios recomiendo exhaustar los recursos gratis primero. Ve a ver lo que cada uno de estos sitios web tienen para ti. Es gratis y más que eso, te aseguro que no te arrepentirás. ¡Así que échale ganas, este es el primer paso en obtener todo el dinero gratis que te pertenece!

CAPITULO 2

EL IRS Y LOS REEMBOLSO DE IMPUESTOS (TAX CREDITS Y TAX REFUNDS)

Desde su fundación, el Internal Revenue Service (IRS), ha servido un propósito fundamental del éxito de lo que es lo Estado Unidos. En cierto sentido es la base en la que está fundado el principio económico y consecuentemente de influencia de la nación. Es un sistema de implementación de impuestos sobre la población, pero en si un sistema que funciona; y a lo que me refiero con decir que es un sistema que funciona, es a que no solo colecta dineros de la población exitosamente, sino que también invierte o redistribuye parte de esos dineros a la población al punto que hace a los mas necesitados sentirse como que están realmente siendo representados.

Lo primero que todos tenemos que saber, aunque considero que la mayoría ya lo sabe, es que el IRS colecta dinero para que el gobierno Americano pueda invertir dinero. Estos impuestos que cada residente paga anualmente se pueden ver invertidos directamente en la población en infraestructura gubernamental como calles, carreteras, y escuelas; en servicios públicos como pago de policías, bomberos, soldados, profesores, y políticos ¿porque no? Y en miles de otras cosas más. El punto es que al contrario de la mayoría de nuestro países, aquí si podemos ver nuestros impuestos trabajando de una manera directa en la población. Sin embargo, hay varias maneras aun más directas de ver dinero de tus impuestos al IRS en tus manos, y estas vienen con un cheque de dinero directamente a tu nombre.

COMO FUNCIONA EL GOBIERNO

Antes de saber como reclamar ese dinero que te llega directamente del IRS te recomiendo saber primeramente el porqué te pertenece.

Dinero del IRS viene en dos formas, créditos sobre el impuesto (Tax Credits), o en la forma más popular, un reembolso del gobierno (Tax Refund). Aunque el crédito y el reembolso te proveen de dinero gratis del gobierno ambos lo hacen de manera diferente, pero en fin trabajan el uno con el otro para proveerte de un cheque con tu dinero gratis.

Vamos a hablar primero del Crédito sobre el Impuesto (Tax Credit). El Crédito sobre el impuesto es una deducción del dinero en impuestos a pagar. Por ejemplo, mientras excepciones y deducciones solo reducen la cantidad de dinero por el que se debe pagar impuestos, el crédito reduce el impuesto mismo. Estos créditos son dados por el gobierno para incentivar a la población a hacer algo, como adoptar el uso de electrodomésticos que salven energía, o para incentivar a madres a ir a la escuela, para dar unos ejemplos.

De acuerdo al IRS, Créditos sobre el Impuesto, son dineros concedidos por el gobierno, que te pueden ayudar a pagar parte de los gastos de tu familia, gastos de ir a la universidad, retiro, gastos por hacer arreglos que salven energía en tu casa, e inclusive por obtener servicios de niñeras o Daycare para tu hijos para que tu puedas ir al trabajo o a la escuela. (**www.irs.gov/newsroom/article/0,,id=177051,00.html**)

En mi caso, la definición que te daría, es que **CREDITO SOBRE EL IMPUESTO SIGNIFICA DINERO GRATIS**.

El más reciente ejemplo de un crédito sobre el impuesto pasado por el gobierno para la población fue el Crédito Sobre el Impuesto para Compradores de Viviendas por Primera Vez (First Time Homebuyers Tax Credit) en el 2009. Este programa le daba un crédito a cada comprador de una vivienda (en cuanto fuese su primera vivienda) de $8,000 dólares. Y te preguntaras, ¿que tan bueno es tener un crédito sobre el impuesto de $8,000 dólares si no debo impuesto al gobierno? Bueno, ahí esta la magia del dinero gratis.

Si le debes $5,000 dólares al gobierno en impuestos por el año 2009, y recibes el First Time Homebuyers Tax Credit de $8,000 dólares por comprar tu primera vivienda, no le debes nada al gobierno, al contrario, ahora el gobierno te debe a ti $3,000 dólares. Este dinero que el gobierno te debe entonces te es reembolsado en forma de un cheque del gobierno, y sencillamente recibes dinero gratis. Si no debes los $5,000 dólares aun mejor, estarías recibiendo un cheque de $8,000 dólares del gobierno; y eso es de solo un crédito que pasó el gobierno en el 2009.

Hay un una gran cantidad de créditos sobre el impuesto que te pueden interesar, por eso es recomendado tomarte tu tiempo, revisar todos los créditos para los que puedas calificar y aplicar por ellos la próxima vez que envíes tus impuestos. Miles de personas pierden millones de dólares anualmente en créditos del gobierno solo porque no le prestan la atención debida. No seas tú igual. No pierdas tu dinero gratis.

Los Créditos sobre el Impuesto mas comunes son los siguientes y esto es directamente de acuerdo al IRS:

EARNED INCOME CREDIT (EIC)

El Earned Income Credit o **Crédito por Ingresos** es un crédito reembolsable del gobierno federal. ¿Que quiere decir esto? Simplemente que si tienes un trabajo, y consecuentemente ganas dinero a través de ese trabajo, lo cual sería obvio, puedes aplicar por este crédito cuando reportes tus impuestos, y si pasas los otros requerimientos puedes obtener dinero gratis en forma de un reembolso del gobierno.

Los requerimientos básicos para reclamar este crédito son los siguientes:

- Tener un Seguro Social Valido
- Haber ganado ingresos provenientes de empleo

- No Puede utilizar el status de casado y reportando impuestos separados (filing separately)
- Debe de ser un ciudadano o residente legal todo el año, o haber estado casado(a) con un ciudadano o residente legal y elegir reportar tus impuestos juntos (File jointly)
- No puedes ser pedido como hijo(a) dependiente
- No puede procesar el formulario 2555 o el 2555-EZ en relación a ingresos extranjeros
- Y los ingresos no pueden exceder el máximo presentado en la siguiente tabla:
- $48,362 (si reportan impuestos como pareja juntos) o $43,352 (si reportando impuestos solo) y tiene 3 o mas niños que califiquen.
- $45,373 (si reportan impuestos como pareja juntos) o $40,363 (si reportando impuestos solo) y tiene 2 o mas niños que califiquen.
- $40,545 362 (si reportan impuestos como pareja juntos) o $35,535 (si reportando impuestos solo) y tiene un niño que califiquen.
- $18,470 (si reportan impuestos como pareja juntos) o $13,460 (si reportando

impuestos solo) y no tiene niño que califique.

Para que veas la cantidad de dinero gratis que puedes recibir de este crédito solamente, el IRS ha puesto el máximo crédito de este tipo que el gobierno esta dando en el 2010 para cada uno de los reglones.

1	$5,666	Con 3 niños que califiquen
2	$5,036	Con 2 niños que califiquen
3	$3,050	Con 1 niño que califique
4	$457	Sin niño que califique

¿Cuales son los niños que califican? De acuerdo al IRS son los que cubren los siguientes requerimientos:

- Son hijos, hijos adoptivos, hermanos o hermanas; hermanos o hermanas adoptivas; o descendientes de los antes mencionados
- Bajo la edad de 19 años en el año que se está reportando y menor que la persona reportando; o menor de 24 años si es estudiante, pero menor que la persona reportada; o de cualquier edad si está deshabilitado
- Debe haber vivido con la persona que está reportando en los Estados Unidos por más de la mitad del año que está siendo reportado

CHILD TAX CREDIT (Crédito por Niños Dependientes)

En mi opinión, este es uno de los créditos mas importantes para los hispanos, no solo porque culturalmente y con mucha frecuencia venimos de familias grandes, sino, porque este crédito también aplica a personas que se encuentran en el país indocumentados pero están trabajando y tienen hijos dependientes. (Aunque muchos indocumentados piensan que no pueden reportar sus impuestos, hablaremos sobre como hacerlo en el próximo capitulo)

Básicamente, este crédito garantiza $1,000 dólares por niño dependiente a personas que reporten sus impuestos. Y si, leíste bien, $1,000 dólares por niño dependiente.

¿Quienes califican como dependientes para el Child Tax Credit? bien fácil, solo tienen que seguir los siguientes requerimientos:

- Son hijos, hijos adoptivos, hermanos o hermanas; hermanos o hermanas adoptivos; o descendientes de los antes mencionados
- Bajo la edad de 17 años en el año que se está reportando
- Debe haber vivido con la persona que está reportando en los Estados

Unidos por más de la mitad del año que está siendo reportado
- Es un ciudadano, o residente legal o nacional de los Estado Unidos

Es muy importante tomar en cuenta que el Child Tax Credit no es reembolsable. Esto quiere decir que si debes dinero al IRS recibirás un descuento en el dinero debido de $1,000 por niño, pero si no debes, no recibirás un cheque. No te alarmes todavía, porque si hay una forma de obtener un cheque de **dinero gratis** a través de este crédito...

Para obtener un cheque del IRS con tu dinero gratis en forma de reembolso por los niños dependientes tienes que también reportar el Additional Child Tax Credit o Crédito Adicional por Niños Dependientes. Esto lo puedes hacer llenando el formulario 8812 e incluyéndolo con tu reporte de impuestos. Es muy simple, solo una hoja de papel, y la información ya la tienes, porque es la misma del Child Tax Credit.

¿Cual es la diferencia entre el Child Tax Credit y el Additional Child Tax Credit?

Sinceramente, ninguna. En mi opinión está puesto ahí para que la mayoría de las personas pidan el primero sin pedir el segundo y así pierdan su reembolso de dinero gratis.

Ahora sabes, si solo pides el Crédito por Niños Dependientes no recibirás dinero gratis en forma de un cheque (aunque recibirás un crédito – lo cual es como dinero gratis), pero si lo reportas en combinación con el Crédito Adicional por Niños Dependientes, **recibirás tu cheque con una gran suma de dinero totalmente gratis en tu casa.**

Form **8812** Department of the Treasury Internal Revenue Service (99)

Additional Child Tax Credit

Complete and attach to Form 1040, Form 1040A, or Form 1040NR.

OMB No. 1545-0074 · 2007 · Attachment Sequence No. 47

Name(s) shown on return: [illegible] Your social security number: [illegible]

Part I — All Filers

Line	Description		Amount
1	Enter the amount from line 1 of your Child Tax Credit Worksheet on page 40 of the Form 1040 instructions, page 36 of the Form 1040A instructions, or page 21 of the Form 1040NR instructions. If you used Pub. 972, enter the amount from line 8 of the worksheet on page 4 of the publication		1: 3,900
2	Enter the amount from Form 1040, line 52, Form 1040A, line 32, or Form 1040NR, line 47		2: 2,000
3	Subtract line 2 from line 1. If zero, stop; you cannot take this credit		3: 1,900
4a	Enter your total earned income (see instructions on back)	4a: 112,000	
b	Nontaxable combat pay (see instructions on back) 4b		
5	Is the amount on line 4a more than $11,750? ☐ No. Leave line 5 blank and enter -0- on line 6. ☑ Yes. Subtract $11,750 from the amount on line 4a. Enter the result	5: 100,250	
6	Multiply the amount on line 5 by 15% (.15) and enter the result		6: 15,038
	Next. Do you have three or more qualifying children? ☐ No. If line 6 is zero, stop; you cannot take this credit. Otherwise, skip Part II and enter the smaller of line 3 or line 6 on line 13. ☑ Yes. If line 6 is equal to or more than line 3, skip Part II and enter the amount from line 3 on line 13. Otherwise, go to line 7.		

Part II — Certain Filers Who Have Three or More Qualifying Children

Line	Description		Amount
7	Withheld social security and Medicare taxes from Form(s) W-2, boxes 4 and 6. If married filing jointly, include your spouse's amounts with yours. If you worked for a railroad, see instructions on back	7	
8	**1040 filers:** Enter the total of the amounts from Form 1040, lines 27 and 59, plus any taxes that you identified using code "UT" and entered on the dotted line next to line 63. **1040A filers:** Enter -0-. **1040NR filers:** Enter the total of the amounts from Form 1040NR, line 54, plus any taxes that you identified using code "UT" and entered on the dotted line next to line 58.	8	
9	Add lines 7 and 8	9	
10	**1040 filers:** Enter the total of the amounts from Form 1040, lines 66a and 67. **1040A filers:** Enter the total of the amount from Form 1040A, line 40a, plus any excess social security and tier 1 RRTA taxes withheld that you entered to the left of line 42 (see instructions on back). **1040NR filers:** Enter the amount from Form 1040NR, line 61.	10	
11	Subtract line 10 from line 9. If zero or less, enter -0-		11
12	Enter the larger of line 6 or line 11 Next, enter the smaller of line 3 or line 12 on line 13.		12

Part III — Additional Child Tax Credit

13	**This is your additional child tax credit**	13: 1,900

1040 1040A 1040NR ◄ *Enter this amount on Form 1040, line 68, Form 1040A, line 41, or Form 1040NR, line 62.*

For Paperwork Reduction Act Notice, see back of form. Cat. No. 10644E Form **8812** (2007)

Ejemplo Del Formulario 8812

CHILD AND DEPENDANT CARE EXPENSES

Puedes reclamar este crédito si le pagaste a alguien para que cuidara de cualquiera de las siguientes personas:

1. Tu niño que califica menor de 13 años y el cual estés reportando como dependiente
2. Tu esposo(a) deshabilitado el(la) cual no puede cuidar de si mismo(a) y ha vivido contigo por mas de la mitad del año
3. Cualquier persona deshabilitada que no pueda cuidar de si misma que haya vivido contigo por mas de la mitad del año y que puedas declarar como tu dependiente
4. Tu niño que no pudiste reclamar como dependiente por las reglas sobre divorcio y separación de los padres

Típicamente el IRS reembolsa el 20% al 35% de tus gastos relacionados con cuidar del dependiente hasta la cantidad de $5,000 dólares. La cantidad que te reembolsan depende directamente de tus ingresos, pero sean $300 dólares o los $5,000 dólares máximos, es de toda manera dinero gratis para tus bolsillos.

EDUCATION CREDIT (Crédito por Educación)

Créditos por la Educación pueden ayudar mucho en cuanto a los costos de obtener un diploma.

Hay varios que son los más usados, el American Opportunity, el Hope Credit, y el Lifetime Learning Credit.

El American Opportunity Credit: Ayuda a padres a pagar por los primeros cuatro años de la universidad del dependiente. Si eres elegible podrías recibir un crédito anual máximo de $2,500 dólares por estudiante. Usualmente, el 40% de este crédito es reembolsable, lo que quiere decir que si eres elegible para el crédito puedes recibir un cheque de **hasta $1,000 dólares en dinero gratis** aun sin no debes nada en impuestos.

El Hope Credit: Este crédito puede ayudar a pagar por los gastos relacionados a los primeros dos años de universidad del dependiente. Para obtener este crédito no puedes haber aplicado para el American Opportunity Credit.

El Lifetime Learning Credit: Este crédito puede ayudar a pagar por gastos de la universidad, y cursos profesionales – incluyendo cursos para mejorar las habilidades laborales – sin importar la cantidad de años en el programa. Si eres elegible puedes recibir un crédito de hasta $2,000 dólares - $4,000 si vives en un área del Midwest que ha sido declarada como área de desastre.

Si tú o tu dependiente pagaron para ir a la escuela en el año en que estás reportando puedes ser elegible para recibir un Credito de Educación llenando el formulario 8863. Sin embargo, no puedes tomar este crédito si alguno de las siguientes se aplica a ti:

- Si tú o tu esposo(a) (si estás reportando juntos) están siendo reclamado como un dependiente en el presente año
- Tu estatus de reporte es Casado reportando separado (married filing separately)
- La cantidad en el formulario 1040, línea 38, es de $90,000 o mas ($180,000 si estás reportando como casado reportando juntos)
- Si estás tomando una deducción por pago de escuela en el formulario 1040, línea 34, por el mismo estudiante
- Si tú o tu esposo(a) eran inmigrantes indocumentados por parte del año en que estás reportando

Form **8863**

Department of the Treasury
Internal Revenue Service (99)

Education Credits (American Opportunity, Hope, and Lifetime Learning Credits)

▶ **See separate instructions to find out if you are eligible to take the credits.**

▶ **Attach to Form 1040 or Form 1040A.**

OMB No. 1545-0074

2009

Attachment Sequence No. **50**

Name(s) shown on return | **Your social security number**

Caution: *You **cannot** take both an education credit and the tuition and fees deduction (see Form 8917) for the **same student** for the same year.*

Part I **American Opportunity Credit**

Use Part II if you are claiming the Hope credit for a student attending school in a Midwestern disaster area. If you use Part II, you cannot use Part I for any student.

Caution: *You **cannot** take the American opportunity credit for more than **4** tax years for the **same student.***

1	**(a)** Student's name (as shown on page 1 of your tax return) First name / Last name	**(b)** Student's social security number (as shown on page 1 of your tax return)	**(c)** Qualified expenses (see instructions). **Do not** enter more than $4,000 for each student.	**(d)** Subtract $2,000 from the amount in column (c). If zero or less, enter -0-.	**(e)** Multiply the amount in column (d) by 25% (.25)	**(f)** If column (d) is zero, enter the amount from column (c). Otherwise, add $2,000 to the amount in column (e).

2 **Tentative American opportunity credit.** Add the amounts on line 1, column (f). Skip Part II if line 2 is more than zero. If you are taking the lifetime learning credit for a different student, go to Part III; otherwise, go to Part IV . . . . ▶ **2**

Part II **Hope Credit**

Use this part if you are claiming the Hope credit for a student attending school in a Midwestern disaster area and elect to waive the computation method in Part I for all students.

Caution: *You **cannot** take the Hope credit for more than **2** tax years for the **same student**.*

3	**(a)** Student's name (as shown on page 1 of your tax return) First name / Last name	**(b)** Student's social security number (as shown on page 1 of your tax return)	**(c)** Qualified expenses (see instructions). **Do not** enter more than $2,400* for each student.	**(d)** Enter the **smaller** of the amount in column (c) or $1,200**	**(e)** Add column (c) and column (d)	**(f)** Enter one-half of the amount in column (e)
			4,800	2,400	7,200	3,600

*For each student who attended an eligible educational institution in a Midwestern disaster area, **do not** enter more than $4,800.

For each student who attended an eligible educational institution in a Midwestern disaster area, enter the **smaller of the amount in column (c) or $2,400.

4 **Tentative Hope credit.** Add the amounts on line 3, column (f). If you are taking the lifetime learning credit for a different student, go to Part III; otherwise, go to Part V . . . . ▶ **4** 3,600

Part III **Lifetime Learning Credit. Caution:** *You **cannot** take the American opportunity credit or the Hope credit and the lifetime learning credit for the **same student** in the same year.*

5	**(a)** Student's name (as shown on page 1 of your tax return) First name / Last name	**(b)** Student's social security number (as shown on page 1 of your tax return)	**(c)** Qualified expenses (see instructions)

6	Add the amounts on line 5, column (c), and enter the total	**6**	
7a	Enter the **smaller** of line 6 or $10,000	**7a**	
b	For students who attended an eligible educational institution in a Midwestern disaster area, enter the **smaller** of $10,000 or their qualified expenses included on line 6 (see special rules on page 3 of the instructions) .	**7b**	
c	Subtract line 7b from line 7a	**7c**	
8a	Multiply line 7b by 40% (.40)	**8a**	
b	Multiply line 7c by 20% (.20)	**8b**	
c	**Tentative lifetime learning credit.** Add lines 8a and 8b. If you have an entry on line 2, go to Part IV; otherwise go to Part V	**8c**	

For Paperwork Reduction Act Notice, see page 5 of separate instructions. Cat. No. 25379M Form **8863** (2009)

Ejemplo Del Formulario 8863

RETIREMENT SAVINGS CONTRIBUTION CREDIT

También este es un crédito muy importante. Este crédito ayuda a trabajadores que han ahorrado dinero a través de sus planes de retiro como IRAs, 401(k), 403(b), incluyendo esos que son denominados como Roth. Es un plan reembolsable y usualmente llega a un valor $1,000 dólares, lo cual podría reducir la cantidad de impuestos a pagar o convertirse en un cheque de dinero gratis para tus bolsillos. Para reclamarlo y saber si eres elegible para este crédito solo llena el formulario 8880 del IRS.

OTROS CREDITOS

Hay muchos otros créditos disponibles para las personas que reportan sus impuestos al gobierno. La mayoría son no reembolsables, pero como hemos visto, hay muchos que son excepciones de esta regla y te envían dinero gratis.

Otros ejemplos de créditos por lo que puedes aplicar incluyen:

- Credit for the Elderly And disable (Crédito para Ancianos y Deshabilitados)
- The District of Columbia First-time Homebuyer Credit (Crédito Para

Compradores de Casas por Primera Vez en el Distrito de Columbia)
- The Qualified Electric Vehicle Credit (El Crédito por Vehículo Eléctrico que Califican)

Y muchos otros. Para obtener mas información en todos los otros tipos de créditos por los que puedes aplicar recomiendo visitar el portal del IRS en relación a estos créditos – www.irs.gov.

REEMBOLSOS DEL GOBIERNO (TAX REFUNDS)

Si un contribuyente (persona que paga impuestos) no reclama su reembolso del IRS, ese dinero se convierte en propiedad de la Tesorería del gobierno. Hay tres razones por la cuales no haz recibido tu reembolso del gobierno:

1. Y la más común es que no has reportado tus impuestos. (Recuerda, aunque seas un inmigrante indocumentado que esté trabajando puedes hacerlo)
2. No calificas para un reembolso porque le debes impuestos al gobierno. (Muy pocas personas, si saben usar los créditos, realmente quedan debiendo al gobierno)
3. La última es por una dirección equivocada

Cada ano **1.3 Billones de Dólares** son regresados a la Tesorería y no reclamado

Cada año más de **1.3 Billones de dólares** regresan a la Tesorería del gobierno por una de estas tres razones.

Si no has reportado tus impuestos te animo a que lo hagas. No sabes la cantidad de dinero gratis que te puedes estar perdiendo. El gobierno te permite reportar hasta 3 años atrasados.

Si has reportado y no has recibido tu reembolso por correo y hacen más de tres semanas que debió haber llegado, es hora de llamar al IRS al **1-800-829-1954** y ver donde se encuentra. Es muy posible que se haya extraviado en el correo. Usualmente bajo estas condiciones puedes también reclamarlo hasta tres años atrás.

CAPITULO 3

INMIGRANTES INDOCUMENTADOS

Una de las cosas que mas me ha sorprendido en ya varios años que tengo preparando impuestos para otras personas, es la cantidad de inmigrantes indocumentados y con trabajo en el país que no saben que pueden y deben reportar sus ingresos al IRS.

No solo eso, lo más sorprendente del caso es la cantidad enorme de **DINERO GRATIS** que están perdiendo por no reportar. Este tal vez es uno de los secretos mejores guardados en nuestra población, pero aquí te lo revelo en detalle.

El mayor problema que encontramos dentro de la población indocumentada en la nación es la falta de conocimiento sobre como funciona el gobierno federal. Muchos tienen miedo de que si reportan sus ingresos o se comunican con una rama del gobierno serán deportados. Eso es totalmente falso. Una de las visiones más equivocadas e erróneas que hay, y una que te está costando miles de dólares en **DINERO GRATIS**.

Lo primordial que debemos saber es que el IRS no se comunica con la agencia en cargo de deportaciones o ICE. (http://www.appeal-democrat.com/articles/tax-47022-immigrants-irs.html) Ya que eso seria algo contraproducente para la agencia. Al contrario, el IRS esta interesado en proteger tu identidad como inmigrante indocumentado que trabajas porque de esa manera la organización recibe mas impuestos.

Estas simplemente son algunas estadísticas:

- Desde la fundación del ITIN (el programa del IRS que provee número de identidad a indocumentados) el IRS ha dado mas de **7.3 Millones** de números de identificación a inmigrantes indocumentados
- 1.5 Millones de esos números fueron dados solo en el 2006
- A través de trabajo y compras etc. más de **9 Billones de dólares** anuales son pagados por inmigrantes indocumentados al gobierno

> El **IRS** ha dado mas de **7.3 Millones** de números de identificación a Inmigrantes Indocumentados

Si eres como yo y te gusta leer las noticias te recomiendo leer los siguientes artículos sobre el tema. Ellos detallan cada una y más de las cifras anteriores y veras como MSNBC, El New York Times, y The Boston Globe han analizado el tema y corroboran cada una de las cosas que te estoy diciendo.

- **New York Times:** http://www.nytimes.com/2007/04/16/n

yregion/16immig.html?ex=1334376000&en=9b21a57a590afb53&ei=5090&partner=rssuserland
- **The Boston Globe:** http://www.boston.com/news/local/massachusetts/articles/2008/02/17/more_illegal_immigrants_are_rushing_to_file_taxes/
- **MSNBC:** http://msnbc.com/id/24054024/

Todas estas cifras son bien interesantes, representan la oportunidad que nos da el gobierno Americano, aun si somos indocumentados, y nuestra contribución anual a la manutención de este gobierno. Sin embargo, **lo que muchos inmigrantes indocumentados no saben es que el gobierno les provee DINERO GRATIS a ellos también.**

COMO FUNCIONA

El IRS ha creado lo que es conocido como el ITIN (Individual Tax Identification Number) o Número de Identificación Individual de Impuestos. A través de este programa puede colectar impuestos de los trabajadores indocumentados, y no solo de ellos sino también de sus empleadores.

El mayor provecho lo saca el IRS y el gobierno federal de estas personas ya que al pagar impuestos los inmigrantes indocumentados colaboran con el fondo federal del Social Security o Seguro Social sin ninguna esperanza de nunca obtener beneficios de este programa, porque para tener acceso a esos beneficios hay que ser un residente documentado de la nación. Como dijimos anteriormente, los inmigrantes indocumentados ya pagan, sin querer, 9 Billones de dólares en impuestos, de los cuales no recibirían nada en regreso.

Sin embargo, hay una forma de obtener DINERO GRATIS del gobierno al reportar tus impuestos aun si eres indocumentado.

¿QUE ES EL ITIN?

Este es un número de 9 dígitos que siempre comienza con el número 9 y contiene números entre el 70 al 88 en los cuartos y quintos dígitos. Por ejemplo, 9XX-72-XXXX.

El IRS entrega ITINs a individuos que son requeridos tener un número de identificación de pagador de impuestos en los Estados Unidos pero no tienen, y no son elegibles para obtener un número de Seguro Social de la Administración de Seguros Sociales.

De acuerdo al IRS mismo, el ITIN es entregado sin importar el estatus migratorio de la persona, ya que ambos extranjeros residentes y no residentes deben reportar sus impuestos al gobierno bajo el código del IRS.

Para obtener un ITIN solo llena un formulario W-7 del IRS, incluye la información adicional requerida y envíalo con tu formulario 1040 del reporte de tus impuestos a:

Internal Revenue Service
Austin Service Center
ITIN Operation
P.O. Box 149342
Austin, TX 78714-9342

(Ver Ejemplo del Formulario en la siguiente pagina)

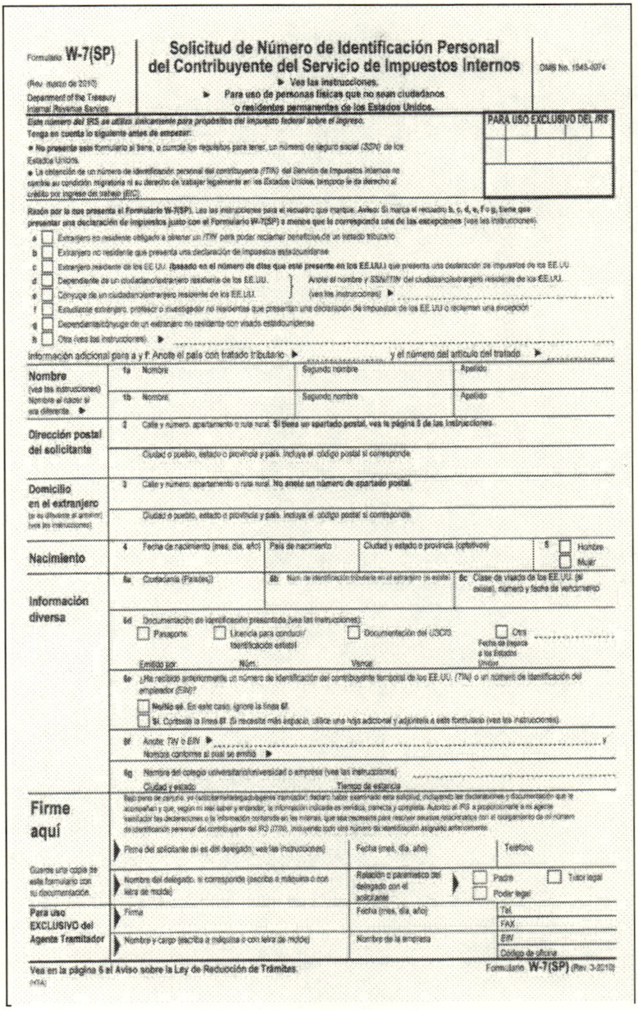

Formulario **W-7(SP)**

(Rev. marzo de 2010)

Department of the Treasury Internal Revenue Service

Solicitud de Número de Identificación Personal del Contribuyente del Servicio de Impuestos Internos

▶ Vea las instrucciones.

▶ Para uso de personas físicas que no sean ciudadanos o residentes permanentes de los Estados Unidos.

OMB No. 1545-0074

PARA USO EXCLUSIVO DEL IRS

Razón por la que presenta el Formulario W-7(SP).

a ☐ Extranjero no residente obligado a obtener un ITIN para poder reclamar beneficios de un tratado tributario

b ☐ Extranjero no residente que presenta una declaración de impuestos estadounidense

c ☐ Extranjero residente de los EE.UU. **(basado en el número de días que esté presente en los EE.UU.)** que presenta una declaración de impuestos de los EE.UU.

d ☐ Dependiente de un ciudadano/extranjero residente de los EE.UU.

e ☐ Cónyuge de un ciudadano/extranjero residente de los EE.UU.

Anote el nombre y SSN/ITIN del ciudadano/extranjero residente de los EE.UU. (vea las instrucciones) ▶

f ☐ Estudiante extranjero, profesor o investigador no residentes que presentan una declaración de impuestos de los EE.UU. o reclaman una excepción

g ☐ Dependiente/cónyuge de un extranjero no residente con visado estadounidense

h ☐ Otra (vea las instrucciones) ▶

Información adicional para a y f: Anote el país con tratado tributario ▶ y el número del artículo del tratado ▶

Nombre (vea las instrucciones) — 1a Nombre | Segundo nombre | Apellido

Nombre al nacer si era diferente ▶ — 1b Nombre | Segundo nombre | Apellido

Dirección postal del solicitante — 2 Calle y número, apartamento o ruta rural. **Si tiene un apartado postal, vea la página 5 de las instrucciones.** Ciudad o pueblo, estado o provincia y país. Incluya el código postal si corresponde.

Domicilio en el extranjero — 3 Calle y número, apartamento o ruta rural. **No anote un número de apartado postal.** Ciudad o pueblo, estado o provincia y país. Incluya el código postal si corresponde.

Nacimiento — 4 Fecha de nacimiento (mes, día, año) | País de nacimiento | Ciudad y estado o provincia (optativo) | 5 ☐ Hombre ☐ Mujer

Información diversa

6a Ciudadanía (País(es))

6b Núm. de identificación tributaria en el extranjero (si existe)

6c Clase de visado de los EE.UU. (si existe), número y fecha de vencimiento

6d Documentación de identificación presentada (vea las instrucciones): ☐ Pasaporte ☐ Licencia para conducir/identificación estatal ☐ Documentación del USCIS ☐ Otra

Emitido por: Núm.: Vence: Fecha de llegada a los Estados Unidos:

6e ¿Ha recibido anteriormente un número de identificación del contribuyente temporal de los EE.UU. (TIN) o un número de identificación del empleador (EIN)?

☐ **No/No sé.** En este caso, ignore la línea 6f.

☐ **Sí.** Conteste la línea 6f. Si necesita más espacio, utilice una hoja adicional y adjúntela a este formulario (vea las instrucciones).

6f Anote: TIN o EIN ▶ y Nombre conforme al cual se emitió ▶

6g Nombre del colegio universitario/universidad o empresa (vea las instrucciones) Ciudad y estado Tiempo de estancia

Firme aquí

Firma del solicitante (si es del delegado, vea las instrucciones) | Fecha (mes, día, año) | Teléfono

Nombre del delegado, si corresponde (escriba a máquina o con letra de molde) | Relación o parentesco del delegado con el solicitante ▶ ☐ Padre ☐ Tutor legal ☐ Poder legal

Para uso EXCLUSIVO del Agente Tramitador — Firma | Fecha (mes, día, año) | Tel. | FAX

Nombre y cargo (escriba a máquina o con letra de molde) | Nombre de la empresa | EIN | Código de oficina

Vea en la página 5 el Aviso sobre la Ley de Reducción de Trámites.

Formulario **W-7(SP)** (Rev. 3-2010)

Ejemplo Del Formulario W-7 para el ITIN

La información adicional requerida por el IRS incluye 2 o más copias originales o certificadas de los siguientes documentos:

- Pasaporte (que no haya expirado)
- Tarjeta de Identificación Nacional (debe incluir foto, nombre, dirección vigente, fecha de nacimiento, y fecha de expiración)
- Licencia de conducir de los Estados Unidos
- Certificado de Nacimiento (también requerido de dependientes menores de 18 años)
- Licencia de Conducir Extranjera
- Tarjeta de Identificación de los Estados Unidos
- Registración de Vote Extranjera
- Tarjeta de Identificación Militar de los Estados Unidos
- Tarjeta de Identificación Militar Extranjera
- Visa
- Records Médicos (Para dependientes menores de 18 años si son estudiantes)
- Records Escolares (Para dependientes menores de 18 años si son estudiantes)

COMO OBTENER UN REEMBOLSO DEL IRS

Como inmigrante indocumentado no te es posible reclamar el crédito por ingresos, sin embargo si puedes obtener otro crédito, y uno aun más importante. El Child Tax Credit o Crédito por Niños Dependientes, y el Additional Child Tax Credit o Crédito Adicional por Niños Dependientes.

A través de estos créditos puedes obtener hasta **$1,000 Dólares en DINERO GRATIS** por niño dependiente.

Inclusive, si eres Mexicano o Canadiense puedes reclamar a tus dependientes que están viviendo en México o Canadá. Esto no es posible para personas de otras nacionalidades.

Obtener un reembolso del IRS por el Child Tax Credit y el Additional Child Tax Credit, aun cuando eres un inmigrante indocumentado es fácil. Primero, como te he motivado en este capitulo, llena tu formulario 1040 para reportar tus impuesto – asegurándote de declarar tus dependientes. Segundo, llena el formulario W-7 tuyo y el de todos tus dependientes para obtener el número de ITIN de cada uno de ustedes, y envíalos, con las dos formas de identificación tuyas requeridas por el IRS y las dos formas de identificación requeridas para cada uno de tus dependientes, a la dirección que mencioné anteriormente.

Después de dos a tres semanas recibirás una carta del IRS con tu número de ITIN. Entre 1 a 4 semanas adicionales **recibirás un cheque con DINERO GRATIS** por la cantidad aprobada en tu formulario 1040.

Así que motívate, si tienes formularios W-2 de los últimos tres años todavía estas a tiempo de obtener el **DINERO GRATIS QUE TE PERTENECE** por cada uno de ellos.

UNIDAD 2

DINERO GRATIS: CONCESIONES

CAPITULO 4

DINERO GRATIS PARA EL PAGO DE TUS GASTOS

Lo primero que debes saber sobre los siguientes capítulos es que **Concesiones (Grants)=Dinero Gratis**. Concesiones son dineros gratis dados por el gobierno y otras instituciones que nunca tendrás que regresar o pagar. Las concesiones o grants son para diversas funciones. Hay algunos que proveen dinero para el pago de tus billes o pago de gastos, como los que estaremos presentando en este capitulo; hay algunos que proveen dinero gratis para pago de hospitales y cuentas relacionados a la salud; y hay algunos que inclusive te proveen dinero para ir de vacaciones.

¿PORQUE DA EL GOBIERNO CONCESIONES?

Es bien fácil. El gobierno da dinero gratis porque esa es la forma en que los políticos prueban a las personas de su circunscripción electoral (Las personas que los(a) eligieron a su posición) de que están haciendo algo por ellos.

Cada vez que un político propone una ley en el congreso, el o ella, tiene que obtener los votos de sus compañeros para que la ley sea aprobada. Si, por ejemplo, la ley es relacionada a viviendas (housing), un político de Spartanburg, S.C. le puede prometer su voto al senador o representante que presentó la ley a cambio de que incluya una concesión para la circunscripción de Spartanburg, o si tiene ambiciones más amplias, para el estado de Carolina del Sur completo.

Si la ley es de viviendas (housing) la concesión puede ser que cada familia latina que vive en Carolina del Sur y que tiene un salario de menos de $90,000 dólares anuales, pueda recibir un cheque de $5,000 dólares para que reemplace sus electrodomésticos por electrodomésticos que ahorren energía. Esto es si aplican, ya que usualmente nadie se da cuenta de que fueron aprobadas o que existen. Y los políticos y el gobierno no las anuncian.

El pasar la ley, ambos políticos pueden decir que hicieron algo para mejorar el problema de viviendas nacionalmente, pero el político(a) de Spartanburg puede decirle a su gente que también obtuvo $5,000 paras las familias latinas de Carolina del Sur en su próxima campaña electoral aunque nadie nunca aplicó por esos $5,000 dólares.

Cada ley del congreso es un libro de 10,000 o más páginas donde se listan miles de concesiones por ley, lo que hace el trabajo de encontrar las que se aplican a ti increíblemente arduo. Sin embargo, hemos hecho lo mejor posible para presentarte con las mejores concesiones que se pueden aplicar a ti y a tu familia.

¿COMO APLICAR POR UNA CONCESION?

Lo primero que recomiendo es ir a la pagina web (website) del departamento u organización que está dando la concesión y leer la mayor información posible sobre la concesión que se aplica a ti. En algunos casos puedes bajar la aplicación ahí mismo y solo enviarla, en otros tendrás que contactar las oficinas del departamento mismo y pedirles por asistencia.

Es recomendable que cuando hables con los departamentos gubernamentales no solo les digas que quieres saber sobre la concesión que tienes en mente. Al contrario, se sabio y explícale tu situación sabiendo que cae dentro de los parámetros de la concesión y pídeles **ayuda**. Si lo haces de esta manera, sin mencionar concesión desde el principio, ellos te darán una lista de todos los programas para los que calificas, y pueden ser muchas mas las concesiones para las que puedas aplicar que solo la que tenias en mente.

Así que comienza tu búsqueda, mira a ver los que se aplica a ti y tu familia, envía lo que te piden y comienza a disfrutar de **DINERO GRATIS**.

DINERO GRATIS PARA TUS GATOS

Uno de los secretos mejores guardados es que el gobierno y muchas organizaciones privadas y sin fines de lucro tienen programas que proveen dinero gratis para que pagues por tus gastos.

Los siguientes son, cada uno, programas que te proveen con dinero gratis y ayuda:

DINERO GRATIS PARA PONER EN TU CUENTA DE AHORROS

Este dinero es recibido a través de una cuenta de ahorro de desarrollo individual o Individual Development Accounts (IDAs). IDAs son cuentas que igualan los ahorros para ayudar a personas de ingresos módicos a guardar dinero con el fin de alcanzar una gran meta en su vida, como por ejemplo comprar una casa.

Con este programa puedes recibir un dólar del gobierno y uno de una institución privada por cada dólar que tú ahorres hacia tu meta. La meta puede ser ahorrar para comprar una casa, pagar la universidad, crear tu propio negocio, etc. Un pequeño curso de administración financiera, el cual ellos proveen gratuitamente, es usualmente requerido.

Para obtener mas información sobre este programa y ver las opciones disponibles en tu comunidad ve a: Corporation for Enterprise Development, 1200 G Street NW, Suite 400, Washington DC 20005 Ph: (202)408-9788; (www.idanetwork.org)

HASTA $700 DOLARES PARA PAGO DE TUS UTILIDADES

Hay un sin número de estados que proveen con descuentos en el pago de las utilidades a familias de bajo o moderados recursos. Estos programas permiten que pagues menos en tus servicios de utilidades (como agua e electricidad), teléfono, y calefacción. Algunos inclusive ayudan a familias a hacer depósitos para obtener estos servicios.

THE U.S. LOW INCOME HOME ENERGY ASSISTANCE PROGRAM: Este es un programa federal que ayuda a familias de bajos recursos a hacer sus pagos de las utilerías eléctricas. Para ver si calificas y contactar tu agencia local habla con: The Campaign for Home Energy Assistance, 1615 L Street, NW Suite 520, Washington, DC 20036 PH: (202)-429-8855 (www.liheap.org)

ARIZONA: Tiene disponible el Arizona Public Service Energy Support Program. Este programa te da ayuda con tus pagos de utilidades, teléfono, calefacción, e inclusive depósitos. Para contactarlos puedes enviar correspondencia al: Arizona Public Service, APS Energy Support Program (E-3), P.O. Box 2907, Phoenix AZ 85062-2907 o ir a su página web en el (www.aps.com)

OHIO: En Ohio está el Home Energy Assistance Program administrado por el Ohio Department of Development o departamento de Desarrollo. Este programa le paga dinero una vez a cada familia de bajos recursos que califique. Para contactarlos tenemos la siguiente informaciÓn: Ohio Department of Development, 77 S. High St., PO Box 1001, Columbus, OH 43216 (www.ohio.gov)

MARYLAND: En Maryland el estado a través de The Office of Home Energy Programs (OHEP) provee cuatro programas diferentes para ayudar a la ciudadanía de bajos recursos a pagar por sus utilidades. El primero es el Maryland Energy Assistance Program (MEAP) – te ayuda a pagar cuentas y proveer equipos de calefacción; el segundo es el Electric Universal Service Program (EUSP) – ayuda a pagar cuentas presentes y atrasadas y también a hacer la casa mas eficiente en términos de energía; el tercero es el Weatherization Assistance Program (WAP); y el cuarto y último es el Utility Service Protection Program (USPP). Para aprender más sobre estos programas puedes contactar: The Office of Home Energy Programs, 311 West Saratoga Street, Baltimore, MD 21201 PH: 1-800-332-6347 (www.maryland.gov)

HASTA $800 DOLARES EN COMIDA GRATIS

El programa de Comida y Nutricion o Food and Nutrition Service provee a niños y familias de bajos y moderados recursos hasta con $800 dólares en comidas, dietas saludables y educación nutritiva. Puedes contactarlos en: Food & Nutrition Service, 3101 Park Center Drive, Alexandria, VA 22302 PH: (703)305-2276 (http://www.fns.usda.gov/fns/)

HASTA $15,000 EN GASTO PARA EL CUIDADO DE NIÑOS

Este dinero esta disponible a través del Child Care and Development Block Grant. Usando este programa La Administración de Niños y Familias provee una variedad de servicios para padres y familias incluyendo el cuidado de los niños por proveedores de servicios de Childcare. No solo eso, si quieres comenzar un Daycare esta agencia te puede ayudar a obtener dinero gratis para este fin. Para contactarlos puedes ir al: National Child Care Information and Technical Assistance Center, 9300 Lee Highway, Fairfax, VA 22031-6050 PH: (800) 616-2242 (http://nccic.acf.hhs.gov/index.cfm)

CAMPAMENTOS GRATIS PARA NIÑOS CON PADRES EN PRISION

Cada año más de 12,000 niños son ayudados por el ministerio Cristiano Angel Tree Camping a disfrutar de campamentos de verano. Estos campamentos están especialmente diseñados para hijos que tienen algún padre en prisión. Para contactarlos solo tienes que ir al: Angel Tree, P.O. Box 1550, Merrifield, VA 22116; PH: 1-800-55-ANGEL; (http://www.angeltree.org/angeltree-home)

SILLAS DE CARRO PARA BEBES GRATIS

La campaña Nacional de Salva un Niño o Safe Kids USA provee a padres con sillas de carros para bebes de forma gratuita. Para contactarlos solo tienes que ir al: National SAFEKIDS Campaign, 1301 Pennsylvania Ave., NW Suite 1000, Washington DC 20004; PH:(202)626-0660; (http://www.safekids.org/)

CHILDCARE GRATIS PARA CUANDO BUSCAS TRABAJO

Esto es posible a través del Temporary Assistance for Needy Families (TANF). Este programa no solo te ayuda con el cuidado de tus niños, sino también te ayuda a obtener educación sobre niños, entrenamiento, y transporte necesario para obtener empleo. Contáctalos a: Office of Family Assistance, Administration for Children and Families, 370 L'Enfant Promenade, SW, Washington DC 20447; PH: (202)401-9215; (www.acf.dhhs.gov/programs/opa/facts/tanf.htm)

SERVICIO TELEFONICO GRATIS

Si te encuentras desempleado y la compañía de teléfonos te ha cortado tu servicio este servicio es para ti. Inclusive tengo una amiga a quien le sucedió esto. Ella se quedó sin empleo, sin dinero para pagar su teléfono, y después que le terminaron su servicio de teléfono se le hizo aun más difícil encontrar trabajo porque no tenía forma de contactarse con los empleadores.

No solo eso, si tienes pocos o moderados recursos también esto es para ti. El gobierno a través de compañías telefónicas como Virgin Mobile está proveyendo a la población con servicios telefónicos totalmente gratis. Para obtenerlos solo tienes que contactar a las siguientes organizaciones: Assurance Wireless, al 1-800-378-7316 (www.assurancewireless.com) o puedes contactar a ADT al 1-877-514-6872 (www.ADTTEL.com)

Ellos están ahí para servirte y proveen cobertura nacionalmente. Te pueden otorgar hasta 200 minutos mensuales totalmente gratis. Estés desempleado o no, aprovéchalo.

VESTIDOS Y TRAJES GRATIS PARA ENTREVISTAS DE TRABAJO

Estos programas son excelentes. Escuché sobre ellos en la radio y me llamó a la atención, ya que si te encuentras desempleado y obtienes una entrevista con un empleador lo que mas quieres es hacer una buena impresión. Bueno, estos programas te prestan ropas gratuitamente para tu entrevista. ¿Como contactarte con ellos? Fácilmente:

Career Gear: tiene lugares de ayuda en New York, Florida, Michigan y Ohio. Dirección: 120 Broadway, 30th Floor, New York NY 10271; (212)577-6190 (www.careergear.org)

Dress for Success: tiene lugares en casi todos los estados. Dirección: 32 East 31st Street, Suite 602, New York NY, 10016; (212)532-DSNY; (www.dressforsuccess.org)

HASTA $2,000 DOLARES PARA PAGAR POR CALEFACCION

El Weatherization Assistance Program es un programa que ayuda a reparar casas y a hacerlas mas eficientes en cuanto a conservación de energía. Con este programa puedes obtener dinero para ventanas anti-tormentas y todo programa para insolación. Para obtener información sobre este programa contacta a: The Weatherization Assistance Programs Branch, EE44, U.S. Department of Energy, 1000 Independence Ave., SW, Washington DC, 20585; PH:(202)596-4074; (www.eere.energy.gov/weatherization)

HASTA $195/MES PARA PAGAR PARQUEO

Hacer $195 dólares mensuales para pagar por tu parqueo es tan fácil como hablar con tu jefe. Si. A través del Qualified Transportation Fringe Benefit o el Transit Benefit Program tu jefe puede darte $100 dólares mensuales para que tomes el autobús público, o el metro para ir al trabajo. Y de la misma manera te puede dar $195 mensuales para parquear tu carro en el parqueo de tu trabajo. Tú puedes obtener este dinero libre de impuestos y tu empleador obtiene una deducción del IRS. Si tu jefe no te cree, obtén una copia de la publicación del IRS 535, la sección de Business Expenses y muéstrasela. Esta publicación esta disponible del IRS en su website (www.irs.gov)

VACACIONES GRATIS

Este es posiblemente uno de los secretos mejores guardados. Es posible ir de vacaciones completamente gratis a través de una organización llamada Passport in Time. Los más interesante de todo es que te permiten incorporarte a actividades como excavaciones arqueológicas, mapeos de áreas, recolección de historias verbales, restauración de artes en roca, etc.

Esto es una gran aventura que se disfruta de principio a fin. No hay ningún costo y hasta te pueden pagar para cubrir tus gastos de vivienda. Para tomar ventaja de este programa contáctalos a: Passport In Time Clearinghouse P.O. Box 31315, Tucson, AZ 85751; PH: 1-800-281-9176; (www.passportintime.com)

$200 DOLARES O MAS PARA USAR TU CARRO

Esto es parte de las deducciones del IRS. Pocas personas saben que pueden deducir los gastos relacionados con sus automóviles si los utilizan para su trabajo.

Si utilizas tu carro en tu trabajo puedes deducir: 34 centavos y medio por cada milla en que condujiste mientras los estabas utilizando para trabajo.

Puedes obtener información sobre esta deducción llamando al IRS al 1-800-829-3676 o visitando si sitio web (website) al (www.irs.gov)

HASTA $7,500 POR SERVICIOS SOCIALES Y NECECIDADES MÉDICAS

La Fundación Chazen es una fundación privada que provee concesiones que oscilan entren $1,000 a $7,500 dólares para servicios sociales, necesidades medicas, museos, y educación. Para contactarlos: The Chazen Foundation, P.O. Box 801, Nyack, NY 10960; (www.chazenscholar.com/project.php3)

AYUDA GRATIS PARA QUE ANCIANOS REPORTEN IMPUESTOS

Muchos personas mayores usualmente no pueden valerse por si mismo y necesitan ayuda, especialmente en ámbitos financieros. A muchos se les hace difícil reportar sus impuestos, pero para ellos el IRS ha diseñado un programa de ayuda totalmente gratis. Si tienes más de 60 años puedes reportar gratuitamente a través de las organizaciones a las que el IRS provee de concesiones para este fin. Si quieres aprender sobre este programa y saber cuales organizaciones proveen servicios gratis en tu área pregunta por el Tax Counseling for the Elderly Program en tu oficina del IRS, 1-800-829-1040; o el (www.irs.gov)

ASISTENCIA GRATIS PARA QUE ANCIANOS ENCUENTRE BENEFICIOS QUE SE APLICAN A ELLOS

Usando un programa llamado simplemente Benefits CheckUp personas de avanzada edad pueden verificar para qué beneficios del gobierno califican. Para obtener servicios de este programa solo se necesita ir a la pagina web (website) del programa, llenar unos simples cuestionarios, y recibir la información. La pagina web del programa es (www.benefitscheckup.org)

COPIAS GRATIS DE TU REPORTE DE CREDITO

Si alguna institución te ha negado crédito, seguro, o te ha negado trabajo durante los últimos 60 días tienes el derecho de reclamar una copia de tu reporte de crédito totalmente gratis. Para hacerlo tienes que contactar las compañías de crédito y requerir tu copia.

- **Experian**: P.O. Box 949, Allen, TX 75013; PH: 1-888-397-3742; (www.experian.com)
- **Equifax**: P.O. Box 740241, Atlanta, GA, 30374; PH: 1-800-685-1111; (www.equifax.com)
- **Trans Union**: P.O. Box 2000, Chester, PA 19022; PH: 1-800-916-8800; (www.transunion.com)

HASTA $2,000 SI ERES ASALTADO(A)

El crimen puede ser traumatizante, la victimas usualmente sufren no solo en el momento en que son victimadas, sino también aun mucho después de sobrepasar el episodio criminal. Por eso el gobierno ha creado el Crime Victims Fund o Fondo para Victimas del Crimen. Este fondo está diseñado para ayudar a victimas de asaltos a aliviar financieramente el trauma del asalto, pagar por cuentas médicas, aliviar las ganancias perdidas, y ayudar a familiares con arreglos fúnebres. Para obtener más información sobre como usar este programa contacta:

- **Office for Victims of Crime**, U.S. Department of Justice, 950 Pennsylvania Ave., NW, Washington, DC 20530; PH: (202)514-2601; (www.usdoj.gov/crimevictims.htm)
- **Office for Victims of Crime Resource Center**, National Criminal Justice

Reference Service, P.O. Box 6000, Rockville, MD 20849; PH: 1-800-851-3420; (www.ncjrs.org)

HASTA $25,000 PARA HOTELES, RENTAS, Y REPARO DE CASAS PARA VICTIMAS DE UN DESASTRE

Si te encuentras en una zona de desastre y has sido azotado(a) por cualquier catástrofe, esto es muy buena noticia para ti. A través del Individual Assistance Program de FEMA puedes ser elegible para recibir hasta $25,000 dólares en concesiones. Oíste bien hasta $25,000 dólares. FEMA te puede ayudar a reparar tu casa, pagar por gastos de renta, hoteles, etc. Para contactarlos y obtener su ayuda comunícate con ellos al: FEMA 1-800-621-3362; (www.fema.gov/rrr/inassist.shtm).

CAPITULO 5

DINERO GRATIS PARA TU EDUCACION

Una de las mas grandes metas que todos tenemos cuando llegamos a esta nación es la educación, sino nuestra, la de nuestros hijos. Entendemos que para alcanzar nuestros sueños, incluyendo el gran sueño Americano, debemos prepararnos. Muchos pasamos intensas horas, semanas, meses, y porque no años ahorrando para pagar por nuestro sueño educativo. Sin embargo, lo que no nos damos cuenta es que la mayoría de veces no tenemos que pagar para asistir a la universidad y alcanzar el sueño de una educación.

Yo soy un ejemplo de esto. Cuando estaba en High School mi padre me impulsó a hacer lo mejor posible académicamente. ¿Su propósito? Que obtuviera una beca para poder pagar por mi universidad. En mi último año de High School apliqué a todas las becas que pude, algunas inclusive para las que no era elegible. Al graduarme, terminé con muchas opciones, una beca que pagaría por mis cuatro años de universidad, otras que pagaría por los primeros dos años y si mantenía mi nivel académico pagaría por los otros dos, y hasta una beca del American Legion por $600 dólares, para la cual no calificaba pero por la cual nadie mas que yo aplicó. Para esta beca necesitaba haber sido un familiar de un veterano de los Estados Unidos y como inmigrante reciente al país no lo era.

El punto es que hay miles de becas y concesiones otorgadas por el gobierno y muchas instituciones privadas para el mejoramiento de la población. Si me preguntas, no hay nada mejor que ir a la escuela, obtener tu sueño y hacerlo **GRATUITAMENTE**.

Las siguientes son algunas formas en que puedes obtener **DINERO GRATIS** para tu educación o la de tu familia.

COMO OBTENER TU GED

Hay millones de personas en los Estados Unidos que de una manera u otra no pudieron terminar su educación intermedia o High School. En nuestra población es muy común ver jóvenes que salen a trabajar a temprana edad para poder sustentar a sus familias y dejan los estudios atrás sin saber que pueden obtener un diploma equivalente. Para eso el American Council on Education ha creado el GED Testing Service, un programa que desarrolla, entrega e implementa el examen de GED para obtener tu diploma equivalente. Para obtener este servicio solo tienes que contactar tu escuela local. Es totalmente gratis. También puedes obtener mas información aquí: American Council on Education, One Dupont Circle NW, Washington, DC 2003; PH: (202)939-9490; (www.acenet.edu)

PARA ESTUDIANTES DE ESCUELA SECUNDARIA (HIGH SCHOOL)

$20,000 DOLARES PARA LA UNIVERSIDAD

A través de su Coca-Cola Scholars Program, la Coca-Cola Scholars Foundation da 50 becas de $20,000 dólares y 200 becas de $10,000 dólares cada una a estudiantes de High School que demuestren excelencia escolar. Para aplicar y obtener mas información sobre la beca puedes contactar a: The Coca-Cola Scholars

Foundation, P.O. Box 442, Atlanta, GA 30301-0442; PH: (601)984-3539; (https://www.coca-colascholars.org/cokeWeb/page.jsp?navigation=15)

HASTA $20,000 DOLARES PARA LA UNIVERSIDAD

En 1997 la Fundación Farris (Farris Foundation) comenzó a otorgar becas a estudiantes del último año de High School (Seniors) que han sobresalido en su servicio a su comunidad, liderazgo, y ciudadanía. Para obtener más información sobre esta beca puedes contactar a: The Farris Foundation, P.O. Box 304, Lawrenceville, GA 30046-0304; (www.farrisfoundation.org/scholarships.html)

HASTA $1,000 DOLARES PARA SENIORS DE HIGH SCHOOL POR BUENOS GRADOS

El Best Buy's @15 Scholarship Program, es un programa de las tiendas de electrodomésticos Best Buy que provee de $1,000 dólares a 1,000 estudiantes de escuela secundaria (High School) en Estados Unidos y Puerto Rico. La beca esta disponible a estudiantes del 9 al 10 grado que demuestren buen rendimiento académico e excelencia en esfuerzos voluntarios. Para aplicar: (http://www.bestbuy-communityrelations.com/scholarship.htm)

$10,000 DOLARES PARA ESTUDIANTES EN D.C.

Si vives en Washington D.C. y eres un senior en High School puedes aplicar por The Frederick Abramson Memorial Scholarship Award. Esta beca provee hasta $10,000 dólares para cubrir gastos universitarios para personas de familias que tienen un ingreso anual de menos de $70,000 dólares. Para obtener información y aplicar ir a: Scholarship Committee, The Frederick B. Abramson Memorial Foundation, 2040 S Street, NW, Washington, DC 20009; PH: (202)683-4816; (http://www.abramsonfoundation.org/scholarship/index.shtml)

$5,000 PARA ESTUDIANTES EN CALIFORNIA

Esta es una beca para hijos de personas que trabajan con bebidas alcohólicas. El(la) aplicante pueden ser hijo(a) o nieto(a) de una persona con una licencia de venta de alcohol o una persona que trabaja para una persona con una licencia de venta de alcohol. Es provista a través de The Christermon Foundation, una organización sin fines de lucro de la industria de bebidas. Para contactarlos y aplicar puedes comunicarte con: The Christermon Foundation, 9 Orchard Road, Suite 100, Lake Forest, CA 92630; PH:(949)837-5291; (http://www.christermon.com/scholarship/)

BECAS DE HASTA $28,000 DOLARES PARA HOMOSEXUALES Y LESBIANAS

La Point Foundation es una organización que provee soporte financiero y consejería a estudiantes marginalizados por su orientación sexual. Esta organización te permite aplicar a un sin número de becas con solo una aplicación. Para obtener mas información y aplicar puedes contactar: The Point Foundation, P.O. Box 261111, Lakewood, CO 80226; PH: 1-(866)33-POINT; (http://www.pointfoundation.org/scholarships.html)

PARA ESTUDIANTES UNIVERSITARIO SIN LICENCIATURA

$30,000 DOLARES PARA ASISTIR A LA UNIVERSIDAD DE TU SELECCION

Dedicada al Presidente Harry S. Truman, La Harry S. Truman Scholarship foundation provee con una beca de $30,000 dólares a estudiantes universitarios en los Estados Unidos. El propósito de la organización es premiar a estudiantes universitarios de tercer año (Juniors) que han demostrado liderazgo excepcional y que aspiran a una carrera en el gobierno. Para obtener mas información sobre esta beca y como aplicar puedes contactar: The Harry S. Truman Scholarship Foundation,

712 Jackson Place, NW, Washington, DC 20006; PH: ((202) 395-4831); (http://truman.gov/home)

$30,000 DOLARES A ESTUDIANTES QUE SE TRASLADAN DE COLLEGE A UNIVERSIDADES DE 4 AÑOS

A través del Undergraduate Transfer Scholarship, la Jack Kent Cooke Foundation provee de becas de $30,000 dólares a 50 estudiantes nacionalmente. Si eres un buen estudiante y te estas trasladando de un Community College a una universidad de 4 años puedes aplicar. Para obtener más información sobre esta beca debes contactar: The Jack Kent Cooke Foundation, 44115 Woodridge Parkway, Suite 200, Lansdowne, VA 20176-5199; (703)723-803; (http://www.jkcf.org/scholarships/undergraduate-transfer-scholarships/)

$10,000 DOLARES ANUALES PARA ESTUDIANTES HIJO(A)S DE VICTIMAS DEL CANCER DE SENO

Si uno de tus padres ha sido victima del cáncer de seno puedes ser elegible para esta beca. La Susan G. Komen College Scholarship Award provee $10,000 dolares anuales por cuatro años a personas que califiquen. Para aprender mas sobre esta beca puedes contactar: Susan G. Komen Breast Cancer Foundation, 5005 LBJ Freeway, Suite 250, Dallas, TX 75244; PH:

(972)855-1616; (http://ww5.komen.org/ResearchGrants/CollegeScholarshipAward.html)

HASTA $2,000 DOLARES POR EXCELENCIA ACADEMICA

Cada año, a través de su programa Coca Cola All-State Community College Team Program, La Coca Cola Scholars Foundation elige mas de 1,600 estudiantes universitarios en los Estados Unidos para recibir entre $1,000 a $2,000 dólares para ser utilizados hacia sus gastos universitarios. Para contactar: Coca-Cola Scholars Foundation, P.O. Box 442, Atlanta, GA 30301-0442; PH: (601)984-3539; (https://www.coca-colascholars.org/cokeWeb/page.jsp?navigation=16)

HASTA $48,000 DOLARES ANUALES PARA OBTENER UN POSGRADO

El departamento de Seguridad Nacional (Homeland Security) provee becas y concesiones a estudiantes universitarios que estén estudiando ramas relacionadas con la seguridad nacional a través del U.S. Department of Homeland Security Graduate Fellowship Program. Si estudias ramas como ingeniería, física, biología, ciencias de computadoras, o ciencias de comportamiento, podrías calificar para estas becas. Para contactarlos y aprender mas sobre el programa puedes ir a: U.S. Department of Homeland Security, 245

Murray Drive, SW., University Programs, Washington, DC 20528; PH: (202)282-8000 (http://www.orau.gov/dhsed/)

HASTA $7,000 DOLARES PARA ESTUDIAR MATEMATICAS Y CIENCIAS

En 1986 el congreso Norte Americano estableció la Barry M. Goldwater Scholarship and Excellence in Education Program, un programa de becas para estudiantes universitarios en áreas de estudios científicos, matemáticos, y de ingeniería. Esta beca da hasta $7,000 dólares a estos estudiantes para cubrir sus gastos universitarios. Para aplicar debes contactar a: The Barry Goldwater Scholarship and Excellence in Education Foundation, 6225 Brandon Ave., Suite 315, Springfield, VA 22150-2519; PH: (319)341-2333; (http://www.act.org/goldwater/)

$5,000 DOLARES PARA ESTUDIAR MEDICINA

A través de este programa The William G. Anderson Foundation otorga una beca de $5,000 dólares a estudiantes minoritarios (hispanos) que estudian medicina. Para recibir esta beca el estudiante debe estar en su segundo, tercero o cuarto año de la universidad y debe demostrar promesa académica y liderazgo. Para obtener mas información sobre esta beca se puede contactar: The American Osteopathic

Foundation, 142 E. Ontorio, Suite 502, Chicago, IL 60611; PH: (312)202-8232; (www.aof-foundation.org)

$2,700 DOLARES PARA ESTUDIAR

El Fereral Pell Grant Program otorga hasta $2,700 dólares para que individuos de bajos o moderados recursos asistan a la universidad. Esta concesión esta diseñada para ser utilizada en la obtención del primer diploma universitario del recipiente. Para obtener más información sobre este programa visita al (www.ed.gov/programs/fpg)

$2,000 a $3,000 DOLARES PARA ESTUDIAR POR DEVOCION RELIGIOSA

La Fundación Roothbert (Roothbert Fund) ofrece 20 becas de $2,000 a $3,000 dólares a individuos que han demostrado devoción religiosa – sin importar la religión. Para obtener mas información sobre esta beca y aplicar puedes ir a: The Roothbert Fund Inc, 475 Riverside Drive, Suite 252, New York, NY 10115; PH: (212)870-3116; (www.roothbertfund.org)

$1,000 DOLARES AL MES POR 9 MESES

El departamento de Seguridad Nacional, Homeland Security, otorga una beca a estudiantes sin licenciatura que cursen la universidad con el propósito de obtener una licenciatura o diploma en una materia relacionada a la seguridad nacional. Esta beca provee de $1,000 dólares mensuales por 9 meses y también con una internación de 10 semanas que provee $5,000 dólares. Para obtener mas información contactar: U.S. Department of Homeland Security, 245 Murray Drive, SW., University Programs, Washington, DC 20528; PH: (202)282-8000; (http://www.orau.gov/dhsed/2010pages/scholarship.html)

BECAS PARA ESTUDIANTES SUPERDOTADOS

La Fundación Malone, a través de su Malone Scholarship Program, otorga becas a estudiantes superdotados. Para obtener más información sobre la fundación y sus programas debes contactar a: The Malone Family Foundation, 12300 Liberty Blvd., Englewood, CO 80112; (www.malonefamilyfoundation.org)

$6,400 DOLARES ANUALES SI ESTUDIAS EN NEBRASKA

Si estudias en una universidad de Nebraska puedes aplicar para The Susan Thompson Buffett Foundation College Scholarship. Esta beca provee de $3,200 dólares por semestre y $400 dólares para libros a estudiantes que estudien en las universidades y colleges de este estado. Para obtener más información y como aplicar debes ir a:

(http://www.buffettscholarships.org/scholarships.shtml
)

ESTUDIOS MÁS ALLA DEL POSGRADO (LICENCIATURA)

$50,000 DOLARES PARA OBTENER UN POSGRADO

La fundación Jack Kent Cooke (Jack Kent Cooke Foundation) provee de una beca de $50,000 dólares a buenos estudiantes que prueben tener necesidad económica y que desean continuar con sus estudios y obtener una licenciatura o posgrado y en sus estudios profesionales. Para obtener mas información y aplicar ir a: The Jack Kent Cooke Foundation, 44115 Woodridge Parkway, Suite 200, Lansdowne, VA 20176-5199; PH:1-800-498-6478;
(http://www.jkcf.org/scholarships/graduate-scholarships/)

DINERO GRATIS PARA ESTUDIAR IDIOMAS

A través de la Blakemore Foundation, una fundación creada con el propósito de avanzar los estudios de idiomas asiáticos, estudiantes son proveídos de dinero para pagar sus estudios en estos idiomas. Para contactar la fundación se puede ir al: The Blakemore Foundation, 1201 Third Ave., Suite 4800, Seattle, WA 98101-3266; PH: (206) 359-8778;

(http://www.blakemorefoundation.org/)(blakemore@perkinscoie.com)

HASTA $25,000 DOLARES PARA EDUCACION QUIRURGICA

En 1993 The Association for Surgical Education Foundation fue fundada con el propósito de distribuir fondos para avanzar investigaciones innovativas, y programas y proyectos educativos que promuevan el desarrollo de programas de educación quirúrgicas en Norte America. Estudiantes pueden aplicar para que sus investigaciones de posgrado sean financiadas. Para contactar, ir al: Association for Surgical Education Foundation, P.O. Box 19655, Springfield, IL 62794-9655; PH:(217)545-3835; (http://www.surgicaleducation.com/mc/page.do?sitePageId=28551&orgId=ase)

$40,000 POR AÑO PARA EDUCACION HACIA UN POSGRADO

El Federal Cyber Service, a través de su Scholarship for Service paga los gastos relacionados con la educación, libros y vivienda de estudiantes que busquen un titulo en seguridad informática. Para obtener mas información sobre este programa ir a: The Scholarship for Service Program Office, 8610 Broadway, Suite 305, San Antonio, TX 78217-6352; (https://www.sfs.opm.gov/default.asp)

HASTA MAS DE $40,000 DOLARES PARA ESTUDIANTES DE LEYES

Estudiantes de leyes que desean voluntariar sus servicios a la comunidad pueden aplicar para el Skadden Fellowship Foundation Award. Este es un premio dado por dos (2) años a estudiantes de leyes que deciden dedicar sus servicios a los pobres, ancianos, desamparados, como también personas que sufren de violaciones de los derechos humanos. El premio busca pagar como si fuese un empleado de la institución y busca cubrir todos los beneficios a los que seria titular. Para obtener mas información contactar a: The Director of the Skadden Fellowship Foundation, Susan Butler Plum, at 212.735.2956; (http://www.skaddenfellowships.org/sitecontent.cfm?page=about)

$5,000 DOLARES PARA ESTUDIAR TERAPIA FISICA

La Florence P. Kendall Doctoral Scholarship otorga $5,000 dólares en becas a terapistas físicos y a asistentes para estudiar y cubrir sus gatos. Para obtener mas información puedes contactar: The foundation for Physica Therapy, Inc, 1111 N. Fairfax Street, Alexandria, VA 22314; (http://www.apta.org/AM/Template.cfm?Section=Awar

ds_and_Scholarships&CONTENTID=34317&TEMPLATE=/CM/ContentDisplay.cfm)

BECA PARA PAGAR ESCUELA MÉDICA

La National Health Service Corps (NHSC), provee una beca a través de su scholarship program a estudiantes de medicina que prometen proveer de sus servicios por un año después de su graduación asistiendo a personas de bajos recursos en áreas rurales. Este programa paga por cuatro años de educación por cada año de servicio. Para aprender sobre esta beca debes contactar al: National Health Service Corps Scholarship Program (http://nhsc.bhpr.hrsa.gov/scholarship/apply.htm), PH: (800) 221-9393; (callcenter@hrsa.gov)

Recuerda, yo obtuve $600 dólares para mi educación de una beca para la que no calificaba pero por la cual apliqué, ya que fui la única persona que aplicó. Mi punto no es que apliques a becas para las que no calificas, sino, que apliques. No dejes que la duda y la incertidumbre te detengan, toma un lápiz y una aplicación y obtén el **DINERO GRATIS QUE TE PERTENECE.**

CAPITULO 6

DINERO GRATIS PARA TUS GASTOS MEDICOS

De todas las prioridades en la vida, hay una que es totalmente indispensable para el alcance de las otras, esta es la salud. No importa la cantidad de dinero que tengas, no importan cuan elocuente eres, ni si eres joven o viejo, si no tienes salud tus esperanzas de vivir una vida plena y alcanzar tus sueños se disminuyen y muchas veces desaparecen completamente. No solo eso, en todos los caso, la familia sufre también. Muchas veces se pueden observar esposos o esposas que no saben que hacer financieramente cuando sus parejas se enferman y repentinamente no pueden trabajar. Hay muchas veces en que he visto padres que aman ardientemente a sus hijos pero no saben que hacer cuando ellos se enferman repentinamente y se encuentran cara a cara con una cuenta medica mayor al precio completo de un carro.

Déjame contarte una pequeña historia.

PEQUEÑA HISTORIA

Conozco una familia como cualquier otra familia hispana. El esposo trabaja junto con su esposa en una compañía de limpieza que ambos formaron. Ellos han trabajado en esta industria por los últimos 12 años desde que ambos llegaron a la nación. A través de ese trabajo pudieron comprar la casa de sus sueños, y no solo eso, sino que la compraron en uno de los mejores vecindarios porque querían que sus hijos asistieran a las mejores escuelas.

Usando su agilidad, arduo trabajo, y conocimiento financiero, el esposo pudo reducir su mortgage de 30 años a 4 años en solo 12 años. Hasta ahora todo suena bien, como les dije anteriormente, el es una persona increíblemente ágil, y sabe tomar las mejores decisiones en la vida. Sin embargo, el y sus esposa no ganaban lo suficiente para comprar un seguro de salud. Apenas podían pagar el pago mensual de la casa, y su vista siempre estaba puesta en termina de pagar el mortgage y ser finalmente dueños de su hogar.

Una día, no hace dos meses, el despertó y se dio cuenta de que el lado izquierdo de su cara no estaba funcionando. Si, me oíste bien, la mitad de su cara estaba paralizada. El y su esposa se asustaron completamente, llamaron a los paramédicos pensando que había sufrido un derrame cerebral. El paramédico, al llegar a la casa, se percato de todos los síntomas y después de hacer una prueba física determino que de lo que estaba sufriendo el señor era de algo conocido como Bell's Palsy, una inflamación del nervio facial muy común especialmente en jóvenes en sus 20 años. Para no ser responsables ante la ley si la condición se empeoraba o repentinamente apareciesen otros síntomas, los paramédicos lo transportaron al hospital más cercano.

En el hospital, los doctores lo atendieron rápidamente llegando a la misma conclusión del paramédico, pero nuevamente, para no ser responsables ante la ley en caso de que la condición del paciente cambiase, ellos corrieron todos los exámenes de lugar para confirmar que no era un derrame cerebral. Después de reconocer varios síntomas que no acompañaban al Bell's Palsy, como fatiga y el hecho de que al levantarse de la cama por primera vez el señor se había sentido tambalear (nuevamente al levantarse de la cama), lo presionaron a quedarse en el hospital bajo observación toda la noche. Esto aun después de que el señor les dejo saber que no tenia seguro medico y que quería irse para su casa para no incurrir mas cargos. Ellos procedieron a convencerlo y el, sin ser especialista en fin, se quedó.

Al otro día le dijeron los mismo, lo que había tenido se llamaba Bell's Palsy, era una parálisis temporal de la cara que con el tiempo se le iba a desaparecer y regresaría a lucir normalmente. Ellos lo despacharon y lo enviaron a su casa, sin embargo, también lo enviaron con algo mas, una cuenta por $20,864.38 dólares. Si me oíste bien, una noche en el hospital, varios exámenes para determinar algo que el paramédico diagnosticó en la casa del paciente antes de transportarlo al hospital, algo que fue corroborado por los doctores al llegar el paciente al hospital mismo, pero por lo cual tendría que pagar $20,864.38 dólares.

Lo bueno es que con mi asistencia estamos trabajando para reducir y si posible borrar completamente esa cuenta. Ahora mismo estamos esperando una respuesta en dos semanas y sabemos que, de una manera u otra, va a ser favorable.

NO ES NECESARIO PERDERLO TODO POR UNA

CUENTA MEDICA, BUSCA AYUDA.

La mayoría de nosotros estamos tan concentrados en nuestros trabajos y en el paso rápido en que se mueve la vida que la única vez que les prestamos atención a la salud es ya cuando estamos enfermos. Eso es demasiado tarde, sin embargo no dicta el fin. Hay que saber que hay miles de instituciones incluyendo el gobierno que proveen dinero gratis a personas enfermas para que cubran sus gatos médicos. También hay que saber que hay muchas instituciones que ofrenden sus servicios médicos gratuitamente. Sabes lo que digo:

SERVICIOS MEDICOS GRATIS=DINERO GRATIS.

Lo único es que hay que saber como buscarlos y obtener estos servicios. Muchas de estas instituciones trabajan con el gobierno a través de Medicare y Medicaid, otras proveen el dinero y sus servicios independientemente. Lo que ambas tienen en común es que en la mayoría de los casos no anuncian a la población de que estos servicios y este dinero gratis esta disponible.

Si te sientes como yo, reconoces que esto no hace sentido, estos servicios y este dinero gratis está para dárselo a los mas necesitados. ¿Y quien mas necesitado que una persona que no goza de plena salud? Cuando una persona está enferma no hay que hacerlos pasar por mil y una pruebas para obtener ayuda, hay que proveérsela y ya. Por eso hemos diseñado este capítulo, con la esperanza de que esta se convierta en tu primera parada cuando estés en necesidad de ayuda financiera para el pago de tus cuentas medicas y ¿porque no? cuando necesites obtener servicios médicos.

HEALTH CARE UNIVERSAL

Si haz prestado atención a las noticias últimamente te habrás dado cuento de que el congreso, después de una ardua batalla, aprobó el Universal Healthcare Bill (Healthcare Universal) propuesto por el Presidente Barack Obama y su gabinete. Esto, sin importar tu preferencia política, es buenas noticias, sin embargo todavía no ha sido implementada como ley.

Es buena noticias porque promueve la medicina preventiva y no la reactiva, es buena noticias porque motivará a una mayor parte de la población a obtener beneficios médicos, y es buena noticias porque permite que esa gran parte de la población que no estaba cubierta por un seguro médico pueda obtener tratamiento médico a bajo costo sin importar quienes son. El único problema es la implementación de la ley.

Después que una ley es firmada y aprobada el sistema tiene que prepararse para la implementación de esa ley. Esto toma mucho tiempo, y el universal Healthcare Reform no está inmune a esto. Por eso es que es importante prestarle atención a este capítulo hasta que esta ley entre en efecto y todos podamos disfrutar de seguro médico a bajo costo y servicios gratis del gobierno. Si estás en esta situación o una situación similar estas instituciones te pueden ayudar a evitar la ruina económica que usualmente resulta después de una enfermedad.

SEGURO MEDICO PARA TODOS

Si tienes necesidad de tener un seguro médico tienes que saber que la primera parada debe siempre ser el gobierno federal. Ellos han implementado al Medicaid y el Medicare para ayudar a la población mas necesitada. Medicaid está disponible a individuos y familias de modestos recursos. Este programa no le paga al individuo directamente pero si paga las instituciones que proveen el servicio médico al individuo. Para obtener más información sobre estos programas federales debes ir a: (http://www.cms.gov/MedicaidGenInfo/)

AYUDA PARA FAMILIAS AL DAR A LUZ

Si eres una madre por primera vez y necesitas ayuda entendiendo tu nuevo papel como madre The Healthy Families America Project te puede ayudar. Esta es una organización que envía a personas a tu hogar a que te provea de ayuda, consejería, y te enseñe a enterder tus nuevas responsabilidades tanto físicas, emocionales, como financieras. Para contactarlos ir a: Health Familes America, 200 S. Michigan Ave., Suite 1700, Chicago, IL 60604; PH: (312)663-3520; (www.healthyfamiliesamerica.org)

DINERO GRATIS PARA MUJERES QUE NO PUEDEN QUEDAR EMBARAZADAS

Si estás tratando de quedarte embarazada y no has podido, y tienes gastos médicos relacionados con inseminación artificial u otros métodos alternativos de embarazo puedes obtener dinero gratis de una organización muy especial. Se llama B.U.M.P.S, Inc. y fue diseñada por una madre que pasó por estos problemas. Cada año ellos ayudan a mujeres en estas situaciones para que cubran sus deudas médicas y puedan continuar intentando obtener un bebé.

Para contactarlos lo puedes hacer al: B.U.M.P.S., 7744 Peters Rd, Suite 305, Plantation, FL 33324; Ph: (954)472-BUMP; (www.yourbump.org)

SEGURO MEDICO PARA NIÑOS

Lo más preciado en la vida es la familia, especialmente los niños. Por eso, a través de Medicaid el gobierno ha establecido a Insure Kids Now. Con este programa el gobierno federal y los estados ofrecen seguros médicos a familias que no pueden obtener cobertura de compañías privadas. Es importante notar que cada estado tiene su propia versión del programa general y sus propias reglas de aceptación. Asi que contactalos, habla con ellos, y mira a ver si calificas al: PH: 1-877-543-7669;(www.insurekidsnow.gov)

AYUDA A PACIENTES CARDIACOS

Larry King es una afiche de la cultura Americana, una de las pocas personas que con tenacidad y buen trabajo han desarrollado una carrera de casi 50 años en la radio y la televisión. En los años 80 Larry tubo problemas cardíacos y después de eso decidió ayudar a personas que sufrían de las mismas aflicciones que el. Con este fin fundó a The Larry King Foundation, una organización cuyo fin es proveer de fundos a personas que sufren del corazón para que puedan pagar por los procedimientos médicos. Para aprender mas sobre esta fundación y aplicar por ayuda ir a: Larry King Cardiac Foundation, 15720 Crabbs

Branch Way, Suite D, Rockville, MD 20855; PH: 1-866-302-5523; (www.lkcf.org)

AYUDA PARA NIÑOS CON CANCER

Hay miles de familias que lamentablemente están pasando por lo más astroso en la vida, un hijo o hija con cáncer. Entendiendo cuan ardua y difícil es esta realidad The national Children's Cancer Society trabaja para mejorar la vida de estos niños y sus familiares. Ellos proveen ayuda financiera, emocional, educativa y médica para esos que la necesitan en cualquier etapa de su enfermedad. Para contactarlos y obtener ayuda ir a: The National Children's Cancer Society, 1 S. Memorial Drive, Suite 800, Saint Louis, MO 63102; PH: (314)241-1996; (www.children-cancer.com)

DETECCION DE CANCER DE SENO Y CERVIX

El National Breast and Cervical Cancer Early Detection Program es un programa que fue fundado en 1994 para ayudar a mujeres a detectar cáncer cervical y de seno a tiempo. Estos programas son gratuitos en todos los estados y son manejados por el Departamento de Salud y Servicios Humanos. Para obtener más información sobre esta organización y este programa ir a: (http://www.cdc.gov/cancer/nbccedp/about.htm)

TRASPLANTES

Si tu familia está pasando por problemas económicos como resultado de gastos relacionados a un trasplante o heridas catastróficas (trauma al cerebro, heridas a la columna vertebral) La NTAF (National Transplant Association Fund) te puede ayudar financieramente. No solo eso, ellos se pueden encargar de crear campañas caritativas para recaudar los fundos necesarios para tu situación. Hasta hoy en día esta asociación ha ayudado a recaudar más de 64 millones de dólares para personas necesitadas. Para obtener mas información: NTAF, 150 N. Radnor Chester Road, Suite F-120, Radnor, PA 19087; PH: 1-800-642-8399; (www.ntafund.org/)

Otra organización que provee ayuda a personas necesitadas de un transplante es la **National Foundation for Transplants**, ellos también ayudan a que pacientes puedan recaudar los fundos y la asistencia necesaria para hacer el proceso del trasplante lo mejor posible para el paciente y su familia. Para obtener información sobre ellos contactar: The National Foundation for Transplants, 5350 Poplar Ave., Suite 430, Memphis, TN 38119; PH: (901)684-1697; (www.transplants.org)

AYUDA CON EMBARAZOS JUVENILES (ADOPCION, ABORCION, CONTROL NATAL)

Hay muchas personas jóvenes en la nación que se enfrentan con la posibilidad de ser padres aun cuando no están preparados para ello. Para estos, The Birds & Bees Project está para ayudar. Este programa provee ayuda educativa para entender la situación y las opciones disponibles a la persona. Para contactarlos y obtener sus servicios ir a: PH; (612)821-9795; (http://www.birdsandbees.org/)

SERVICIOS DENTALES

Si tú o un familiar tuyo se encuentran incapacitados, sea físicamente o mentalmente, puedes recibir servicios dentales gratis. La organización que lo provee es la National Foundation of Dentistry for the Handicapped. Ellos tienen un programa colaborativo, el Donated Dental Service program, en que dentistas dan tratamiento gratis a los pacientes. Hay más de 15,000 dentistas disponibles y más de 3,000 centros disponibles alrededor de la nación. Para contactarlos, obtener mas información y aplicar, llamar a: National Foundation of Dentistry for the Handicapped, 1800 15th Street, Denver, CO 80202; PH: (303)534-5360; (http://nfdh.org/joomla_nfdh/content/view/16/37/)

AYUDA PARA OIR (HEARING AID)

Si tienes problemas para oír The Better Hearing Institute te puede ayudar. Ellos proveen información para personas que están perdiendo el oír, te ayudan a encontrar profesionales en el área y te proveen de ayuda en encontrar asistencia financiera. Para contactarlos puedes hablar con: The Better Hearing Institute, 515 Kign Street, Suite 420, Alexandria, VA 22314; PH: 1-800-EAR-WELL; (www.betterhearing.org)

PARA NINOS

Si uno de tus hijo(a)s tiene problemas de audición The Miracle-Ear Children's Foundation está para ayudarte. Ellos proveen ayuda del oído totalmente gratis, y no solo eso sino que también proveen servicios de consejería y soporte para el niño y su familia. Para obtener esta ayuda solo se requiere llenar una pequeña aplicación. Si necesitas mas información y quieres saber como aplicar puedes contactar a: The Miracle-Ear Children's Foundation, 5000 Cheshire Lane N., Suite 1, Plymouth, MN 55446-3715; PH: 1-877-739-0141; (http://hearingaids.miracle-ear.com/)

CIRUGIAS RECONSTRUCTIVAS PARA VICTIMAS DE VIOLENCIA DOMESTICA

Si has sido víctima de violencia domestica y por

una razón u otra has sufrido desfiguramiento o daño físico, The ROSE Fund está listo para ayudarte a aliviar el dolor. No solo eso, sino también para ayudarte a través de consejería. Ellos proveen un sin número de servicios entre los que se encuentran revisiones de cicatrices, cirugías reconstructivas para cara y cuello, y trabajos dentales totalmente gratis. Para obtener ayuda y ponerte en contacto con esta organización ir a: The R.O.S.E. Fund, 200 Harvard Mill Square, Suite 310, Wakefield, MA 01880; PH: (617)482-5400; (http://www.rosefund.org/programs.html)

PERROS GUIAS PARA CIEGOS

Si conoces de una persona que no ve y necesita un perro guía aquí está tu solución. The Pilot Dogs foundation ofrece perros entrenados a ser guías totalmente gratis a personas que hayan perdido la visión. Ellos también incluyen un entrenamiento de 4 semanas para el nuevo dueño y sus mascotas. Para contactados ir a: Pilot Dogs, 625 W. Town Street, Columbus, OH 43215; PH: (614)221-1577; (www.pilotdogs.org)

Otra organización que provee este servicio también es la Guide Dog Foundation for the Blind. Ellos también proveen a personas necesitadas de perros guías y mascotas completamente entrenadas a ningún costo. Para contactarlos puedes ir a: Guide Dog Foundation for the Blind, 371 E. Jericho Turnpike, Smithtown, NY 11787-2976; PH: 1-800-548-4337; (www.guidedog.org)

MEDICAMENTOS GRATIS O A BAJO PRECIOS

Hay millones de personas en esta nación que necesitan consistente tratamiento médico. Muchas de estas personas son latinas, y no solo eso, la mayoría pelea con la decisión de si invertir en su comida o comprar sus medicamentos. Nadie debería estar forzado a hacer una decisión de esta manera sin embargo millones tienen que hacerlo cada día.

Las compañías farmacéuticas, basadas en la ley de demanda y el suplemento, aumentan los precios de sus medicamentos cada año haciendo casi imposible el obtenerlos. Pero este no es el fin de la esperanza, hay muchas instituciones, la mayoría privadas, otras sin fines de lucro, y algunas gubernamentales, que ayudan a personas de moderados recursos a tener acceso a medicamentos sino gratuitamente, con precios muy reducidos.

Algunos de estos programas simplemente requieren una pequeña aplicación, otros solo una llamada, pero todos te ayudan a obtener medicamentos gratuitamente o a un precio reducido. Ya que muchos de estos programas son específicos a sus estados hemos decidido separarlos basado en esta categoría:

Si te encuentras viviendo en **ALASKA** The Chronic and Acete Medical Assistance te ayuda a obtener tus medicamentos necesarios. Este programa funciona a través de las oficinas estatales del gobierno, su website es **www.hss.state.ak.us/dhcs/CAMA/default.htm**

Si eres una persona mayor este estado ofrece el SeniorCare Rx Pharmaceudical Program en sus website **http://health.hss.state.ak.us/dsds/seniorcaresio.htm**

ARIZONA tiene un programa similar. El Arizona Drug Discount Program reduce el precio de medicamentos entre un 10 a un 55 por ciento. El programa puede ser contactado en el www.rxamerica.com/press_az_discount.html

En el pacifico **CALIFORNIA** tiene el Golden Bear State Pharmacy Assistance Program, este es un programa que provee de medicamentos a precios reducidos principalmente a personas mayores de los 65 años. Este es un programa también respaldado por el estado y puede se contactado en el **www.dhs.ca.gov/mcs/mcpd/MBB/contacting/sb393/default.htm**

CONNECTICUT es uno de los estados con

programas privados que ayudan a la población a obtener medicamentos a precios reducidos. A través del Conn PACE. Este programa requiere de un pago de $30 dólares para suscribirse al programa y un pago de $16.25 por cada receta. Para contactar Conn PACE debes ir al **www.connpace.com** ahí encontraras toda la información necesaria para incorporarte a este programa. Si piensas que esto es mucho, compara los $16.25 que pagarías por una receta a los $64.95 que se pagarían por antiinflamatorios musculares, si me preguntas, prefiero pagar solo $16.25.

En **DELAWARE** encontraras el Delaware Prescription Drug Assistance Program. Este programa estatal reduce hasta el 75% del precio de medicamentos. Este programa puede ser contactado en **www.state.de.us/dhss/dss/dpap.html**

El Georgia Partnership for Caring Foundation es una fundación que ayuda a las personas sin seguro en el estado de **GEORGIA** a obtener medicamentos sin costo alguno. Este programa puede ser contactado en el **www.gacares.org**

Personas mayores de 65 años pueden también obtener medicamentos a precio reducido en el estado de **ILLINOIS**. El programa es el Senior Care y puede ser contactado en el **www.seniorcareillinois.com. INDIANA** ofrece el Hoosier Prescription Drug Program, el cual como el senior care de Illinois requiere que las personas sean mayores de 65 años. Este programa puede ser contactado en el **www.IN.gov/fssa/hoosierrx.** Este programa provee un descuento de hasta 75%.

En **KENTUCKY** hay más de 500 farmacias que trabajan con el Health Kentucky, Inc. Esta organización ayuda a residentes de este estado a obtener sus medicamentos completamente gratis en el **www.healthkentucky.org**

En **MAINE** el gobierno ayuda a los residentes a través del Elderly Low-Cost Drug Program, este programa puede ser contactado en el **1-800-262-2232** o en el **www.state.me.us/dhs/beas/medbook.htm#lcd**. En MARYLAND hay un programa similar, el Maryland Pharmacy Assistance Program disponible a cualquier persona en el estado que no puede costear sus medicamentos. Este programa puede ser contactado en el **www.dhmh.state.us/mma/mpap**.

Si no tienes forma de pagar por tus medicamentos y no estas recibiendo ayuda de ningún otro programa puedes aplicar para el Medbank of Maryland, Inc en el **www.medbankmd.org.** **MASSACHUSETTS** tiene el MassMedLine este no es un programa que te provee de medicaciones gratuitas directamente pero si te pone en contacto con las organizaciones de lugar que te pueden ayudar. Para contactarlos debes ir al **www.massmedline.com.** **MICHIGAN** tiene el Michigan Department of Community Health, este programa admite a toda persona y se encuentra en el www.michigan.gov/mdch/0,1607,7-132--100833--,00.html. **MINNESOTA** tiene el Minnesota Prescription Drug Program en el **www.dhs.state.mn.us/main/groups/healthcare/documents/pub/dhs_id_006258.hcsp**; mientras que **MISSOURI** tiene el Senior Rx Program - **www.dhss.mo.gov/MoSeniorRx/; MONTANA** también tiene un programa de asistencia medicinal disponible, este puede ser contactado en el **http://www.dphhs.mt.gov/prescriptiondrug/prescriptiondrugassistance.shtml**

En **NEW JERSEY** el gobierno estatal provee ayuda a través del Pharmaceutical Assistance to the Aged and Disabled program. Este programa ayuda a personas mayores y puede se accesado a través del **www.state.nj.us/health/seniorbenefits/seniorgolddiscount.htm**; muy semejante es el Elderly Pharmaceutical Insurance Coverage EPIC de **NEW YORK**. Este actúa como un seguro de descuento para los residentes del estado y puede ser encontrado en el **www.health.state.ny.us/nysdoh/epic/faq.htm.**

OHIO ayuda a sus residentes a través del Ohio Department of Aging, el departamento estatal que está diseñado para proveer de asistencia a personas mayores. Este programa puede ser encontrado en el **www.goldenbuckeye.com/buckeye.html**; mientras que el Department of Job and Family ayuda a los residentes de Ohio en el **www.ohiobestrx.com**

PENNSYLVANIA ayuda a sus residentes con la tarjeta PACE, esta es un tarjeta que te reduce el precio de los medicamentos a menos de $10 dólares. Este programa está disponible en el **www.http://www.aging.state.pa.us/portal/server.pt/community/pace___pacenet/17944**

WEST VIRGINIA tiene el Gold Mountaineer Discount Card en el **www.state.wv.us/seniorservices**; mientras que en WISCONSIN el SeniorCarex, **www.dhfs.state.wi.us/seniorCare/index.htm**, provee ayuda a personas mayores en el estado.

Todos estos programas significan dinero gratis. Las compañías farmacéuticas, a pesar de lo que pretenden ser, no son tu amigos. Ellos solo quieren tu dinero. Por eso es que es refrescante ver que hay organizaciones que ayudan a las personas necesitadas.

Así que si necesitas medicamentos a bajo precio o gratis solo aplica, estos programas están disponibles para todos los que califican. Recuerda,

MEDICAMENTOS GRATIS = DINERO GRATIS.

CAPITULO 7

DINERO GRATIS PARA ENCONTRAR TRABAJO

Presentemente, uno de los problemas mas extensos que está enfrentando los Estados Unidos es la recesión económica, especialmente el desempleo. A estas horas se calcula que el nivel del desempleo nacional ha llegado y se ha mantenido a un nivel de 9.7 por ciento. Sin embargo, si se toma en cuanta no únicamente las personas que han perdido su trabajo en los últimos 6 meses sino también esos que han pasado mas de seis (6) meses desempleados el nivel nacional es en realidad mas cercano a un 12.3 por ciento de acuerdo a los economistas. (**http://news.yahoo.com/s/nm/2010 0729/us_nm/us_usa_economy_29**). Inclusive en lugares como Detroit se reporta que el nivel real del desempleo llega a alcanzar hasta el 50 por ciento. Esto quiere decir que por cada dos (2) personas en la ciudad una de ellas está desempleada.

De acuerdo a los economistas el nivel de desempleo real está en el 12.3 %

Esto es un reto especialmente para la comunidad latina. (**http://people-press.org/report/504/knowledge-update**). No solo somos una gran parte de la economía Americana sino también la mayor minoría en la nación. Eso nos pone en un lugar muy precario en cuanto a este problema. Es reportado que entre las personas perdiendo sus trabajos la comunidad latina es las más rápidamente afectada. También a esto hay que añadir los crecientes problemas migratorios que nuestra gente esta enfrentando.

Aunque en la presente administración se presenta una atmósfera de tolerancia hacia el inmigrante desde el nivel federal, digo federal porque como el ejemplo de Arizona muestra el nivel estatal está un poco mas complicado, algo aun mas siniestro está tomando lugar que afecta el nivel de empleo y desempleo de los inmigrantes indocumentados directamente. Esto es la forma, aun más sutil, en la que el gobierno está enfrentando el problema migratorio. Como la prensa es una de las armas especiales de la gente que no tiene poder ni voz, el gobierno a tratado de silenciarla sabiamente. Primero, para evitar los escándalos televisivos donde inmigrantes son marchados como reos peligrosos por las pantallas de los noticieros en redadas migratorias, el gobierno a implementado un plan donde se evitan las redadas de ICE. En vez, auditores federales son evitados a empresas de las cuales se sospecha que trabajan con personas indocumentadas y se les pide acceso a las planillas de empleo. Al determinar cuales de estas personas son inmigrantes indocumentados y cuales no, el auditor le pide a los dueños de la empresa el desemplear a dichas personas o si no enfrentar una serie de multas federales. Este plan federal no evita el ingreso de personas indocumentadas al país, sin embargo, está creando una ola de hambruna, desesperación, y tormento en una población ya disprivilegiada cuyo único pecado ha sido el querer trabajar para darle de comer a sus hijos y soñar en un mejor futuro.

El gobierno a través de estas medidas espera que la población indocumentada se sienta acorralada y no encuentre forma alguna de salir de su desesperación. Si una persona indocumentada no puede encontrar empleo, ni puede, en la mayoría de los casos, obtener ayuda estatal ni federal, ¿quien entonces puede ayudarlos a sobrevivir? Y ahí se encuentra el fin de este siniestro plan. El deseo del gobierno es que al final de la cuenta el inmigrante indocumentado tire la toalla y decida propiamente abandonar la nación y regresar a sus países de origen.

Por esta razón en mi consideración el nivel de desempleo nacional es aun mayor. Hay miles de personas indocumentadas que pierden sus trabajos cada día pero que no son calculadas en esas encuestas nacionales. Estas son personas, gente, que aunque se encuentren indocumentados en el país, sufren hambre, necesitan donde vivir, y como el resto de la población, merecen un mejor futuro.

Es lamentable que como una sociedad relativamente avanzada no hemos tomado medidas razonables en el asunto y esperamos que la hambruna, la desesperación y la falta de recursos lleven a gente laboriosa a abandonar un país.

Sin embargo, aunque la población indocumentada no tiene muchas alternativas mas que seguir tratando de buscar trabajo como pueda, algo que si tenemos que cambiar lo mas rápido posible, la población que se encuentra en la nación legalmente si las tiene. Hay diversos y muy exitosos programas gubernamentales que proveen DINERO GRATIS directamente en la forma de un cheque a la persona desempleada, y otras que proveen excelente ayuda para obtener trabajo totalmente GRATIS.

¿Que se necesita para obtener ayuda a través de estos programas? Solo saber sobre ellos, y aplicar. Cada año millones de personas pierden millones de dólares en dinero gratis porque no saben que este dinero está disponible para ayudarlos, especialmente cuando pierden su trabajo. Yo mismo era uno de ellos, no sabia que estos programas gubernamentales estaban disponibles, y como muchos, también perdí miles de dólares.

No dejes que te pase a ti, si has perdido tu trabajo el primer programa del que debes saber es el siguiente:

THE FEDERAL-STATE UNEMPLOYMENT INSURANCE PROGRAM (Programa de Seguro de Desempleo Federo-Estatal)

El gobierno de los Estados Unidos toma muy buen cuidado de sus residentes. Eso es algo irrefutable. Inclusive, al contrario de la mayoría de nuestros países de origen, también toma buen cuidado de su población desempleada.

En nuestros países las personas que no tienen

trabajo no valen nada. Ellos son desamparados por gobiernos que únicamente se preocupan por la colección de impuestos y no la devolución de estos a la población necesitada. Ellos no entienden que la forma mas rápida de sacar a alguien de la pobreza y regresarlos a la fuerza laboral es ayudándolos monetariamente, como también con los recursos necesarios para obtener trabajo.

El mayor ejemplo de como el gobierno Americano ayuda a su población es el Federal-State Unemployment Insurance Program. Este programa les provee hasta $400 dólares por semana a personas que han perdido su trabajo. No solo eso, solo se necesita hacer un par de clicks en la computadora para obtenerlo. Como es un programa de ayuda federal que es distribuido por el gobierno estatal cada estado tiene su agencia encargada de entregar los beneficios del desempleo. Por eso debes buscar que agencia estatal se encarga de hacer las distribuciones, obtener la aplicación, la cual como dije anteriormente se encuentra frecuentemente en la computadora, y aplicar. Tiene que hacerse saber que a este programa se puede aplicar solamente si has perdido tu trabajo por algo que no es tu culpa, ósea, si has sido desempleado por cortes en el presupuesto, o porque tu trabajo has sido enviado a otro país.

Para obtener más información sobre este

programa, la agencia que se aplica a cada estado, y como aplicar debes ir a **http://www.dol.gov/dol/topic/unemployment-insurance/**.

Otra cosa que el gobierno sabe hacer muy bien es proveer asistencia para que personas que han perdido sus empleos obtengan entrenamiento en nuevas industrias como forma de mejorar sus probabilidades de obtener un empleo. Esto lo hacen a través del United States Department of Labor Employment and Training Administration (ETA) o la Administración de Empleo y Entrenamiento.

ENTRENAMIENTO LABORAL

Es muy importante reconocer el valor real del entrenamiento laboral. El entrenamiento es la forma que el gobierno utiliza para equipar al individuo con las herramientas necesarias para operar el trabajo requerido. A través de este programa obtendrás las nuevas habilidades necesitadas para operar en tu nueva profesión. Por eso es esencial.

Debes darte cuenta que el entrenamiento laboral es como obtener una educación gratis. El gobierno pagará a profesionales en el área para que te provean con el conocimiento que te dará la oportunidad de obtener un trabajo. No solo eso, como usualmente el nuevo empleado no tiene experiencia en su nueva área de trabajo, conseguir trabajo sin que su currículo muestre que sabe operar en esa área lo hace aun más difícil. Por esa razón, recibir entrenamiento laboral es esencial ya que provee al individuo con certificaciones que harán a cualquier currículo relucir mejor y sobre pasar los de la competencia.

Presentemente la población esta pasando por una era cíclica donde el desempleo y la competencia por trabajos reina. Se a oído en noticieros historias de miles de personas que van a aplicar por una posición a un lugar especifico que anuncia que necesita un empleado. Por eso, ante tan amplia competencia es necesario tener las herramientas de lugar.

Hay varias formas de obtener entrenamiento gratis pero primero vamos a hablar sobre las esenciales.

ENTRENAMIENTO LABORAL Y TU DIMPLOMA DE HIGH SCHOOL GRATIS

Si estas buscando trabajo, una de las primeras cosas por las que empleadores buscan es tu nivel educacional. Muchas personas, especialmente entre la comunidad latina no puede completar ni siguiera aun el nivel mas básico de la educación que es el High School. Esto, en el presente día, es un requerimiento necesario para casi todo empleador, ya que demuestras que el aplicante puede leer y escribir competitivamente y no solo eso, sino que también puede analizar y procesar información y órdenes simples como también complicadas.

Si no tienes tu diploma de High School no te preocupes. A través del **Job Corps**, una institución educativa establecida por el departamento de labor puedes lograr tu meta de obtener un diploma de High School o GED y entrenamiento vocacional simultáneamente. Este programa es totalmente gratis, y cuando completas los peldaños establecidos te proveen con asistencia encontrando un trabajo y manteniendo ese trabajo.

Si estas interesado en este programa los puedes contactar al 1-800-733-JOBS o 1-800-733-5627; (www.jobcorps.gov/home.aspx)

Otro recurso disponible, especialmente a personas jóvenes que se encuentran desempleados es el programa **YouthBuild**. Este no es un programa federal, sin embargo también provee a personas jóvenes con la oportunidad de obtener un diploma, o GED, obtener los recursos necesarios para conseguir un trabajo, al mismo tiempo en que sirven su comunidad construyendo casas de bajo precio para personas de bajos recursos.

Hasta hoy en día este programa tiene más de 273 oficinas de YouthBuild activos alrededor de 43 estados en la nación. Más de 92,000 estudiantes se han beneficiado de sus recursos y más de 19,000 casas para personas de bajos recursos han sido construidas.

Si estas interesado(a) en este programa solo tienes que contactarlos a YouthBuild USA, 58 Day Street, P. O. Box 440322, Somerville, MA 02144; (www.youthbuild.org)

ENTRENAMIENTO PARA PERSONAS CON DIPLOMA (Licenciatura)

Si ya tienes un diploma y te encuentras buscando trabajo, el departamento de labor también provee entrenamiento gratis para ti, inclusive, ha creado una administración enteramente para ayudar a la población con este problema. Este es la Administración de Empleo y Entrenamiento (ETA) dentro del Departamento de Labores.

A través de este departamento obtendrás todos lo recursos necesarios para conseguir un nuevo trabajo exitosamente. El gobierno lo ha diseñado con eso propósito en mente - reunir en un solo sitio todos los recursos necesarios para ayudar a la población a reintegrarse al mundo productivo de una manera más rápida.

Este departamento está a cargo de administrar no solo entrenamiento federal, sino también concesiones a instituciones laborales que trabajan con los desempleados, haciéndolos un gran recurso para saber cuales instituciones pueden ayudarte en tu área.

Si quieres obtener información sobre los entrenamientos específicos que tiene disponible en tu área puedes contactarlos al, Employment and Training Administration, Frances Perkins Building, 200 Constitution Ave., NW. Washington, DC 20210; PH: 1-877-US-2JOBS o 1-877-889-5627; (www.doleta.gov)

COMO TRABAJAR PARA EL GOBIERNO

¿Haz pensado en alguna vez trabajar para el gobierno federal? ¿O que el estatal? Si esto te ha pasado por la mente y te encuentras desempleado esta es tu oportunidad. Aunque no te encuentres desempleado, si quieres cambiar tu trabajo por un trabajo federal este recurso es para ti.

Se llama US JOBS y es una database o centro de datos donde únicamente se pueden encontrar trabajos con el gobierno. No solo eso sino que al mismo tiempo estarás contribuyendo al mejor funcionamiento de tu ciudad. A través de trabajos en el gobierno puedes tocar las vidas de más de 300 millones de personas. También viene con muy buenos beneficios.

Si estas interesado en explorar tu opciones trabajando para el gobierno solo tienes que ir a un solo lugar, www.usjobs.gov. Ahí el departamento de labor ha establecido el centro de datos mas comprensivo en cuanto a trabajos se refiere y ¿como no? Ellos están interesados en que tú vengas a trabajar para ellos.

Navegar el centro de datos es bien simple. Está dividido en dos partes y ambas pueden guiarte a encontrar el mejor trabajo para ti. Puedes hacer tu búsqueda buscando una palabra específica, como la profesión en la que quieres obtener empleo, o puedes simplemente entrar la ciudad donde vives, el estado y el zip code y te mostrará todos los trabajos federales disponibles en tu área.

Para estudiantes también hay algo. El gobierno federal también tiene trabajos para ellos. Se llama STUDENT JOBS, y es también auspiciada por US JOBS. En esta parte del centro de datos estudiantes no graduados pueden encontrar trabajos con el gobierno federal que le proveen de una experiencia laboral imprescindible. No únicamente eso, también les provee con un nivel de entrenamiento y beneficios excelentes acompañados de la oportunidad de mantenerse trabajando para el gobierno federal.

En mi opinión, si eres un estudiante de High School, College o si estás graduado y estas pensando en hacer una pasantía, no hay mejor empleador para el cual trabajar que para el gobierno. Aunque no seas estudiante, esta es una buena forma de entrada a cualquier trabajo.

El sistema es similar al de US JOBS, es una website donde puedes accesar todos lo empleos disponible en tu área o en una rama especifica. Así que apúrate, si estas desempleado esta es la mejor forma de garantizar un mejor futuro para tu familia. Los beneficios no están nada mal.

COMO TRABAJAR EN LA CASA BLANCA

Si te estas preguntado si leíste bien, pues si, puedes conseguir trabajo en la casa blanca comenzando primero con una pasantía. Cada administración de gobierno cambia su gabinete, cientos de personas de todos los estados trabajando dentro de la casa blanca para que el presidente obtenga la mejor información posible y por ende sepa como guiar la nación. Estos cientos de personas, muchas de la cuales son elegidas por el presidente mismo, necesitan también un ejercito de asistentes que les ayuden a hacer su trabajo, y ahí es que entras tu.

A través de The White House Fellows Association puedes obtener una pasantía en la Casa Blanca. Y cada año necesitan muchos pasantes, en Ingles se les conoce como interns. También puedes conocer al presidente. No se si recuerdas, pero a finales de los años noventa (90) una intern o pasante se hizo bien famosa, fue una joven que todavía cursaba la universidad y estaba trabajando para la Casa Blanca por ya un tiempo, el nombre de ella era Mónica Lewinsky.

No estoy diciendo que cada pasante será como ella, no lo recomiendo; ni que tendrá que hacer las mismas cosas que ella, lo cual tampoco recomiendo, pero si que como ella puedes trabajar para la Casa Blanca y quien sabe tal vez trabajar para el presidente mismo.

El programa que ellos utilizan para obtener nuevos pasantes es el White House Fellows Education Program y el recruiting Program. Para contactarlos solo tienes que comunicarte con The White House Fellows Foundation And Association, 1800 Massachusetts Avenue, NW Suite 400, Washington, DC 20036; PH: (202)360-0294; (www.whff.org)

Es importante que mientras estés desempleado no te desesperes. Sé que es mas fácil decirlo que hacerlo, sin embargo, es necesario. Como puedes ver hay muchas oportunidades disponibles para las personas desempleados. En vez de desesperarte ve a tu centro de trabajos comunitario y utiliza todos los recursos disponibles. El trabajo de ellos es que tú consigas trabajo, así que no te preocupes, pon tu esfuerzo en buscar trabajo, y deja que el gobierno a través de sus diversas organizaciones te ayude también.

CAPITULO 8

DINERO GRATIS PARA COMPRAR TU CASA O SALIR DE FORECLOSURE

Últimamente, el epitome del sueño americano se a convertido en uno de los elementos mas codiciados y al mismo tiempo mas efímeros de nuestros tiempos. Me refiero a la posesión de una casa. La imagen típica de la familia americana siempre los tiene viviendo en suburbio en una casa grande y espaciosa detrás de rejas blancas. Sin embargo, la presente situación económica tiene a los que poseen una casa con duda de si podrán mantener los pagos de sus prestamos, y a los que no la tienen queriendo tenerla pero encontrándose con la realidad de que este sueño está fuera de su alcance.

De acuerdo al gobierno para el fin de este año más de **1 Millón de personas perderán sus hogares**

Es algo realmente lamentable, y todo el mundo parece estar siendo afectado por el fallido mercado hipotecario. Personas que por años han ahorrado e invertido en propiedades que se pensaba eran no arriesgadas lo han perdido todo, mientras que otras que por el gran valor que el mercado había alcanzado lo habían convertido en su negocio se han encontrado con una gran cantidad de inventario pero ningún comprador. No solo eso, a la presente devaluación de las propiedades se tiene que añadir el mayor problema, las tantas personas que están perdiendo sus hogares. En lo que va de del año, de acuerdo a las estadísticas del gobierno, mas de medio millón de personas han perdido sus casas y esperan que para el fin del año por lo menos un millón las perderá.

Lo que hay que saber es que hay esperanza. El gobierno ha diseñado una gran cantidad de programas para ayudar a las personas que han perdido sus casas y no solo para ellos, sino también para los que quieren comprar una casa. Y aunque no lo creas, ahora, cuando la industria se encuentra en sus peores momentos, es el mejor momento para obtener dinero gratis para este fin.

La mejor ayuda que puedes obtener si quieres tener una casa en estos tiempos es la ayuda del gobierno federal. ¿Porque que te quiere el gobierno ayudar? por que no le conviene que pierdas tu casa, y por que le conviene que compres una casa. Cada vez que se compra una casa en los Estados Unidos el comprador le esta haciendo una promesa al gobierno de que va a pagar impuesto por la propiedad cada año; es el deber del comprador. Ese es dinero que el gobierno utiliza para obras públicas, para pagar maestros y servicios comunitarios, en si, para las funciones del día a día del estado. Pero si no compras una casa este sistema se estanca, el gobierno no encuentra dinero para invertir en la población y entonces se ven con una de las decisiones menos gustadas por la población, aumentar los impuestos. Obviamente ningún político se quiere ver con la responsabilidad de aumentar los impuestos de su población ya que es como hacer un discurso diciéndoles que no lo reelijan, y por ende terminan dando dinero gratis para que tu puedas alcanzar tu sueño de tener una casa.

¿No crees que es tan fácil? en este capítulo te demostraremos que si. Pero antes de sorprenderte con cuan fácil es comprar una casa con dinero gratis en este tiempo, quiero hablar sobre el tema de foreclosures y las personas que están a punto de perder sus casas.

SI ESTAS EN FORECLOSURE TODAVIA TIENES OPCIONES

Una de las cosas que se le debe inculcar a la gente es a no perder la fe y la esperanza hasta el último momento. Y si tienes una casa en foreclosure no tires la toalla, mantente peleando por tu propiedad. Hay un sin número de armas a tu disposición sin embargo te voy a hablar de una muy simple pero increíblemente efectiva. Si no te compra tiempo para que puedas recaudar dinero y ponerte al día en tus pagos, es muy posible que te permita mantener tu casa sin tener que hacer un pago más.

No, no es magia, aunque parecido ya que como en la magia necesitas las palabras del abracadabra para activar cualquier hechizo, con este método solo necesitas tres palabras.

TRES PALABRAS

Recientemente estaba viendo un noticiero y fui sorprendido por la historia. Se trataba del simple método que muchos dueños de casa que se encuentran en problemas de foreclosure con el banco están utilizando para salvar sus propiedades, un método tan simple que parece ser sacado de los cuentos de hadas, el solo decirle al banco "QUE PRODUSCAN LA NOTA" o "PRODUCE THE NOTE".

Tal vez te estés preguntando, ¿cual es la magia detrás de estas palabras? y la respuesta es muy simple. Déjame contarte una historia.

Recientemente mi padre terminó de pagar su carro. Es un carro que ha tenido por muchos años haciendo sus pagos mensuales religiosamente. Sin embargo, cuando terminó de pagar el préstamo y era tiempo del banco regresarle el titulo de lo que era ahora su propiedad, no lo encontraron. Eso quiere decir que mi padre estuvo haciendo pagos por años a un banco por un préstamo por el cual el banco no tenía una nota o titulo que mostrase que ellos en si eran dueños de la propiedad. Sin un titulo es imposible mostrar que eres el dueño de la propiedad. Si no eres dueño de la propiedad no tienes el derecho de venderla, y si no tienes el derecho de venderla, obviamente préstamos no pueden ser debidos a ti.

Eso mismo sucede con el banco y las casas, solo que en ves del titulo la nota es la prueba de que les debes dinero al banco o financiera. Cuando les dices que te muestren la nota, les estás pidiendo que muestren legalmente que ellos son los dueños a los que les estás comprando la propiedad. Muchas veces, especialmente en el desorden en que se encuentra el mundo fiduciario en día de hoy, certificados originales de propiedad, notas de hipotecas, y otros documentos no son tan importantes para la empresas y son perdidos para siempre o se convierten en cosas muy difíciles de encontrar. Si le es imposible al banco producir la nota has ganado la lotería, es muy posible que un juez haga tu casa tuya; pero aun cuando este no sea el resultado final, puedes obtener mucho tiempo, tiempo muy preciado y posponer el foreclosure con solo mencionar estas palabras.

Así que, si te encuentras en esta situación te recomiendo esta arma; es simple, corta, fácil de usar y sobre todo GRATIS.

Si quieres obtener mas información sobre el tema te invito a leer uno de los artículos que primeramente me llamó la atención a este método en: http://abclocal.go.com/kgo/story?section=news/7_on_your_side&id=6839404

CONSEJERIA GRATIS

La otra arma que se encuentra disponible para las personas que se encuentran en foreclosure es consejería gubernamental totalmente gratis. Esto no es solo para las personas que ya se encuentran en foreclosure, es en realidad es para todo el mundo y cubre todos los temas relacionados con tu casa. Si estás pensando en comprar una casa, te recomiendo que obtengas consejería gratis; si estás planificando en refinanciar tu casa, te recomiendo consejería gratis; aun si lo que quieres hacer es reparar tu casa, te recomiendo obtener consejería gratis.

¿Porque razón recomiendo consejería gratis para estos diversos temas? Porque la consejería viene de parte del HUD, o el Departamento de Housing and Urban Development, este es el departamento gubernamental que provee todo tipo de ayuda del gobierno relacionada a casas. Su misión es ayudar a familias a encontrar y preservar sus viviendas a base del uso de todas las herramientas que el gobierno a puesto a su disposición. Ellos te pueden proveer de simple consejos, donde te orientan si calificas o no para comprar un tipo de casa, a DINERO GRATIS para la compra de casas, arreglos, y mantenimiento de estas mismas. Ellos son los que escriben los diversos programas de ayuda para el ciudadano, pero si la persona no procura su ayuda ellos no van a buscar por ti.

Encontrarlos y obtener ayuda de ellos es muy fácil. Hay oficinas del HUD en casi cada ciudad, y si no en cada ciudad, en cada condado. Puedes obtener la dirección exacta de la oficina más cercana a ti simplemente visitando al www.hud.gov.

Este departamento es increíble, presentemente cuenta con más de 79 Millones de dólares destinados solo a la consejería. Esto es sin tomar en cuenta la cantidad de dinero federal que tiene disponible para dar gratuitamente a individuos.

Simplemente si estas haciendo algo relacionado con tu casa y quieres o necesitas consejería de cualquier tipo, pídele ayuda al HUD, quien sabe, tal vez salgas de sus oficinas con un cheque de DINERO GRATIS para lo que estabas planificando hacer.

Déjame mostrarte algunos de los programas disponibles a través del HUD!

COMPRA UNA CASA DEL GOBIERNO

Tal vez esto sea noticias para ti, pero si, el gobierno tiene propiedades de venta y tu puedes ser el nuevo comprador. A través del HUD el gobierno vende propiedades confiscadas de sus dueños. Estas propiedades pueden ser de casa familiares a casas para múltiple familias. Las casas que están en venta provienen de diversas agencias gubernamentales, las cuales incluyen:

- -Al HUD
- -The Department of Veterans Affairs (El Departamente de Veteranos)
- -The Federal Deposit Insurance Corporation
- -The Internal Revenue Service (IRS)

- -The US Army Corps of Engineers
- -Customs
- -The U.S. Marshals Service
- -The Department of Agriculture Rural Development
- -Fannie Mae
- -General Services Administration

¿Como funciona? vamos a tomar por ejemplo que Alberto es un exitoso hombre de negocios y en los últimos tres (3) años a hecho una cantidad de millones de dólares pero no ha pagado sus impuestos al IRS. Después de cierto tiempo, la deuda con el gobierno federal se convierte en un acto criminal y al IRS demanda a Alberto por dinero debido. Si en el ultimo año no le ha ido bien a Alberto en sus negocios y no puede pagar la deuda, o trabajar un sistema de pago con el IRS, esta institución toma posesión de las propiedades de Alberto como colateral y puede venderlas para recaudar lo que es debido al gobierno. Como el gobierno no está en el negocio de ventas de casas, aunque este sistema del HUD da esta impresión, las propiedades son vendidas a precios muy reducidos. Y ¿que significa eso? Significa dinero en tus bolsillos, si compras una de estas propiedades.

Nuevamente, como el gobierno no está en el negocio de la compra y venta de casas, estas propiedades son vendidas a precios reducidos, y ahí se encuentra la ventaja para la persona que quiere comprar una casa. No todos los casos envuelven actores millonarios, te sorprenderías saber la cantidad de personas que le deben dinero al IRS. Y no solo es el IRS, son todas las agencias que mencioné anteriormente, por diversas razones. Si una persona extranjera compra una propiedad usando dinero obtenido criminalmente, es reposeída por el gobierno; si una persona comete crímenes y no puede pagar recuperación a sus víctimas, sus propiedades son reposeídas por el gobierno y vendidas (toma el caso de Scott Rothstein en Fort Lauderdale, Florida por ejemplo).

Así que aunque no es anunciado, el gobierno si se encuentra en el negocio de la compra y venta de casas y propiedades, algo que no quiere pero tiene que hacer a través del HUD, y algo que puede significar una gran cantidad de DINERO GRATIS EN TUS BOLSILLOS.

Para obtener mas información de este programa del HUD puedes ir al **http://portal.hud.gov/portal/page/portal/HUD/topics/homes_for_sale**, allí veras todas las agencias que proveen propiedades de venta a través del HUD y podrás observar las que se encuentran en tu área.

Otras forma en la que el HUD obtiene propiedades para la venta es a través del los prestamos asegurados por el FHA o The Federal Housing Administration. Cada vez que una persona de moderados recursos no puede dar el 20% de downpayment para la compra de una propiedad, la compañía que le está haciendo el préstamo le exige un seguro de préstamo del gobierno o FHA mortgage insurance. Este seguro atestigua que los prestamistas recibirán una reinversión de su dinero invertido si la persona que recibe el préstamo no lo puede pagar. Cuando una persona que tiene un seguro del FHA entra en foreclosure de su casa, la compañía prestamista puede aplicar para obtener su dinero del FHA y el titulo de la propiedad ahora pasa a pertenecer al FHA, ósea, al gobierno.

Como ya hemos reiterado, el gobierno no quiere estar en el negocio de la compra y venta de casas, por eso, para limitar sus perdidas, el gobierno vende estas propiedades a precios increíblemente bajos.

Para obtener más información sobre estas casas solo tienes que ir al **http://www.hud.gov/offices/hsg/sfh/reo/reohome.cfm**

Sobre todos estos programas que he mencionado también se encuentran programas estatales o Local Homebuying Programs que utilizan el HUD para la venta de propiedades. Estas son propiedades que de igual manera han sido incautadas, no por las agencias federales, sino por las estatales.

Para saber del Local Homebuying program en tu área y observar las propiedades ahí mismo en tu computadora puedes ir al **http://www.hud.gov/buying/localbuying.cfm**. Esta website está dividida primero en los 50 estados y sus programas, después de elegir tu estado te pide que elijas las ciudades en que quieres ver propiedades y después puedes observar las fotografías y datos de miles de propiedades que se encuentran en tu área.

Tal vez todavía no te ha llegado la magnitud de lo especial que es este departamento federal del HUD. Es realmente uno de los mejores departamentos porque su misión es literalmente poner casas en las manos de los residentes de los Estados Unidos dándoles así la oportunidad de alcanzar su sueño Americano. Si todavía no estas sorprendido, que si te dijera que a través de este departamento puedes comprar una casa por un dólar. Si, me escuchaste correctamente, **PUEDES COMPRAR UNA CASA POR $1 DOLAR.**

¡Déjame mostrarte!

COMPRA UNA CASA POR $1 DOLAR

A través del HUD's Dollar Homes el gobierno estatal ayuda a personas de moderados y bajos recursos a comprar casas calificadas por el estado por $1 dólar.

Estas propiedades son casas de familias que son adquiridas por el Federal Housing Administration a través de foreclosures. Si el HUD no puede venderlas por más de 6 meses entonces las ofrece usando este programa por solo un dólar.

Tomando esta iniciativa ayuda al mantenimiento y sostén de las comunidades en que se encuentran ya que serán ocupadas nuevamente haciendo los vecindarios renacer y revitalizarse. Esto atrae nuevas personas a los vecindarios, al mismo tiempo que más inversionistas.

Si quieres saber si hay propiedades de $1 dólar disponible en tu área solo tienes que ir a **http://www.hud.gov/offices/hsg/sfh/reo/goodn/dhmabout.cfm**, y seguir el link proveído.

COMPRA UNA CASA CON 50% DE DESCUENTO

Si eres un policía, un profesor de pre-k, un profesor de grados elementales (elemental School) a High school, un bombero, o paramédico puedes obtener una casa a mitad de precio a través del Good Neighbor Next Door Program. Estas personas a través de sus servicios y habilidades revitalizan las comunidades, por lo cual el HUD quiere incentivarlos a que se conviertan parte de comunidades en desarrollo.

Lo único que es requerido para obtener este

descuento es vivir en la propiedad por los próximos 36 meses.

Si quieres tomar parte de este programa solo tienes que observar las propiedades listadas en tu área. Sigue la instrucciones para someter la propiedad en que estás interasado(a). Si más de una persona envía una aplicación por una misma casa, la elección se hará a través de una lotería.

Usualmente las propiedades listadas en este programa son las mejores en los vecindarios en desarrollo por lo cual el número de ellas es limitado. Pero de toda manera, mira a ver si encuentras estas propiedades a través de tu oficina HUD y toma ventaja de este programa.

Para obtener mas información solo tienes que visitar el **http://www.hud.gov/offices/hsg/sfh/reo/goodn/gnndabot.cfm,** ahí encontraras las propiedades listadas por estados haciendo la búsqueda mucho mas fácil.

COMO OBTENER UN PRESTAMO CON AYUDA DEL GOBIERNO PARA COMPRAR LA CASA DE TUS SUEÑOS

Como ya dijimos anteriormente el HUD tiene una sección llamada The Federal Housing Administration o FHA. Esta es como una compañía de seguros federal que asegura prestamos que son hechos a la población para la compra de una casa.

Si estas tratando de comprar una casa y no calificas para tu préstamo porque no puedes dar el 20% del down payment no te preocupes, ve a la oficina del HUD mas cercana y aplica por un préstamo aprobado por la FHA. Si lo haces así, tu down payment puede ser tan bajo como un 3.5%. No solo eso, también el costo de cierre y el resto de los gatos pueden ser incorporados al préstamo.

Si quieres aprender más sobre este tipo de seguro y los prestamos disponibles solo tienes que ir al **http://www.hud.gov/buying/loans.cfm**

ASISTENCIA CON TU DOWN PAYMENT

Antes del 2008 habían cientos de organizaciones privadas que regalaban, si regalaban, miles de dólares para que compradores pudiesen poner de down payment para la compra de sus casas. Estos usualmente daban el dinero con el propósito de que las personas tomasen préstamos riesgosos de sus compañías de préstamo. Sin embargo, en Octubre del 2008 el gobierno federal puso fin a esta práctica.

Aunque muchas de estas compañías trataban de tomar ventaja del sistema, hay otras que eran legítimas y realmente ayudaban a la gente. Ahora, esas organizaciones que se dedicaban a ayudar han cambiado su estrategia y en vez de proveer de dinero gratis para el down payment proveen de programas de consejería e asistencia.

Uno de estos programas es dirigido por The Nehemiah Corporation of America, una organización establecida en el 1994 con el propósito de ayudar a más personas a alcanzar el sueño Americano de poseer una casa.

Hoy en día ellos proveen todo tipo de consejería. Si necesitas ayuda de ellos puedes contactarlos al **http://nehemiahcorp.org/our-social-enterprise-model/getdownpaymentcom**

DINERO GRATIS PARA REPARAR TU CASA

Si necesitas ayuda reparando tu casa, esto es para ti. Hay una organización sin fines de lucro llamada Rebuilding Together que te puede ayudar. Esta organización tiene más de 200 afiliados a nivel nacional para ayudar a personas de moderados recursos a reconstruir y reparar daños a sus casas. Ellos creen que toda persona debe tener un lugar sano y salvo en donde vivir. Si te encuentras deshabitado, si eres un anciano o anciana, si has sido desplazado por un desastre, ellos te pueden ayudar para que regreses a tu casa lo más rápido posible.

Si quieres contactarlos lo puedes hacer al Rebuilding Together, 1899 L Street, NW Suite 1000, Washington, DC 20036; (http://www.rebuildingtogether.org/section/about/)

DINERO GRATIS PARA LA RENTA

Si necesitas rentar una casa el gobierno te puede ayudar a ahorrar una gran cantidad de dinero a través de la sección 8 (sección 8) o el Housing Choice Voucher Program. Este programa fue establecido para proveer a personas de moderado recursos la oportunidad de vivir en un lugar sano y salvo.

De la manera en que funciona es simple, el HUD te entrega un ticket o voucher que te aprueba para el programa y debes buscar un complejo de apartamentos donde acepten este tipo de asistencia del gobierno. En muchos lugares el gobierno a trazado contratos con complejos de apartamentos donde dependiendo de si calificas puedes recibir un descuento en tu renta de hasta el 30%. El gobierno paga el dinero de tu descuento directamente al dueño de apartamentos, no a ti, pero tú te ahorras el dinero.

Sinceramente la cantidad de descuentos disponibles por el Departamento de Housing and Urban Development es increíble. Ahora lo que falta es que tú busques en el sistema las casas que están disponibles en tu vecindario y comiences a aplicar. Y aun si no estas comprando una casa, no hay mejor forma de reparar una casa o rentar un apartamento que utilizando DINERO GRATIS dado por el gobierno. Es tiempo de que la gente deje de sufrir. Hay muchas personas que están perdiendo sus casa cada día, pero si toman medidas simples como las tres palabras – PRODUCE THE NOTE, o si siguen los consejos del HUD para conseguir dinero gratis pueden triunfar y mantener sus propiedades.

Así que motivare, busca la información necesaria, sea que estés tratando de preservar tu casa o tratando de comprar una, y aplica. Nadie lo va a hacer por ti, y nadie te va a venir buscando. Tú tienes que hacerlo. **¡HAY MILLONES DE DOLARES EN DINERO GRATIS ESPERANDO POR TI!**

CAPITULO 9

Ayuda Legal Totalmente Gratis

Una de las mejores cosas sobre este país son las libertades y los derechos de los que todos nosotros podemos gozar. Esas libertades que en muchos de nuestros casos eran negadas en nuestros países de origen. Algunos hemos llegado a los bordes Norte Americanos porque hemos querido mejorar económicamente y no hemos podido suplir adecuadamente nuestras necesidades en nuestros países de origen; otros nos encontramos en esta nación por persecución, porque las autoridades en nuestros países nos oprimen y no permiten la fomentación de una voz independiente y el derecho a la libre expresión que merece cada ser humano.

Llegamos a estos bordes porque entendemos que esta nación fue fundada bajo el principio de que todo hombre es creado igual, de que todo hombre tiene derecho a la libre expresión, a la búsqueda de una vida productiva, y a la búsqueda de la felicidad. Sin embargo, en muchas ocasiones también esas libertades esenciales son maltratadas en este país, para lo cual el gobierno federal ha establecido el sistema de cortes.

Son muchas las personas que son discriminadas, ya sea en su trabajo o en la calle; muchas las personas que sufren por la violencia, ya sea domestica, por una persona conocida, o totalmente al azar como consecuencia de un crimen; y muchos los que sufren silenciosamente porque reconocen que para obtener justicia el proceso es muy costoso y no pueden costear los gastos.

Si has sido la víctima de un crimen y no has hecho nada porque sabes lo difícil, arduo y costoso que es el proceso de las cortes, te quiero decir que

¡BASTA YA! ¡PUEDES EXIJIR JUSTICIA!

Lo primero que tienes que saber es que en casi todas las ocasiones el gobierno te provee ***UN ABOGADO TOTALMENTE GRATIS***.

Si eres la víctima de un crimen, el gobierno automáticamente te representa a ti. Lo hace a través de la oficina del District Attorney de tu estado. El District attorney es tu abogado, ellos trabajan para ti, van a la corte por ti, y hasta buscan reparaciones de daños por ti, **TODO COMPLETAMENTE GRATIS**. Si como víctima pierdes salario, eres herido y tienes gatos médicos, o por una razón u otra pierdes dinero, tu abogado, el District Attorney, buscará la devolución del dinero que perdiste por el acto criminal que tubo lugar en tu contra. Si un crimen es cometido en contra tuya no dejes de denunciarlo, estos abogados están ahí, ansiosos de escuchar tu caso, de pelearlo por ti y obtener justicia.

También vale recalcar que toda persona tiene derecho a la justicia. Hay muchos crímenes que no son denunciados por que las víctimas son inmigrantes indocumentados que piensan que no tienen voz, y que por ser indocumentados no habrá justicia. Eso es equivocado. Cada persona que se encuentra en esta nación, esté aquí documentadamente o indocumentada, tiene derecho a la justicia, puede ser oído por el sistema de cortes y representado por la oficina del District Attorney.

Muchas personas indocumentadas tienen miedo porque piensan que si delatan a los agresores entonces al ir a las cortes serán denunciados por estar en el país indocumentados y deportados. Eso es erróneo. Totalmente equivocado. Tus abogados nunca te preguntaran tu estatus migratorio, a ellos no le interesa nada mas que obtener justicia; tu juez y la corte no te preguntará tu estatus migratorio, no les interesa, y nadie estará en contacto con el ICE. Este es un miedo erróneo que muchas personas utilizan para hacer víctimas a los indocumentados, todos debemos pelear contras estas injusticias y mostrarle a la comunidad indocumentada, latina y no latina, pero especialmente a la latina, que tiene una voz en el gobierno que peleará por ellos totalmente gratis.

En muchos otros casos tal vez no seamos la víctima y seamos acusados justa o injustamente de ser agresores. En estos casos también el gobierno nos provee de un abogado(a) totalmente gratis a nuestra petición. Debemos dejar a los oficiales saber que no podemos costear un abogado propio y que necesitamos que el estado nos proporcione uno. Ellos también harán todo lo posible para representar nuestro lado de la historia y obtener justicia. Solo porque has sido acusado de algo no quiere decir que eres culpable, aquí se implementa la creencia de que toda persona es inocente hasta que es comprobado ser culpable. Por lo cual, si has sido acusado de algo, no te preocupes, no es el fin del mundo, tu abogado esta ahí para rebuscar todas las pruebas de lugar y tratar de defenderte.

En la mayoría de las ocasiones los fallos judiciales son completamente justos. En otras es necesario apelar, o la ayuda de abogados que colaboren con los del estado en nuestra defensa, ya sea que seamos las víctimas o los acusados. En estos caso también podemos obtener las ayuda legal de un sin numero de organizaciones que proveen sus servicios legales totalmente gratis para el beneficio de la comunidad. Ellos están ahí para preservar nuestras libertades y hacer de nuestras comunidades mejores lugares para vivir.

Una de estas organizaciones esta diseñada especialmente para ayudar al hispano en sus problemas legales, esta es MALDEF o Mexican American Legal Defense And Educational Fund.

AYUDA LEGAL GRATIS PARA LOS HISPANOS

Aunque fue fundada en 1968, uno de los peores años en cuanto a las historia de los movimientos civiles, ya que Martin Luther King y Robert Kennedy fueron asesinados; MALDEF se ha convertido en un líder de la fomentación de los derechos humanos de los latinos en los Estados Unidos.

A través de los años ellos han batallado

fuertemente por los derechos de todos los latinos especialmente los de los inmigrantes indocumentados. Batallas en las que ellos han logrado que las cortes eliminen leyes que querían que los hijos de los inmigrantes pagaran para asistir a las escuelas, batallas contras la reformación de distritos municipales que disminuirían la representación latina de las comunidades y muchas otras.

Si necesitas contactarlos los puedes hacer al Mexican American Legal Defense and Educational Fund, National Headquarters, 634 S. Spring Street, Los Angeles, CA 90014; PH: (213)629-2512; (www.maldef.org).

AYUDA LEGAL POR LOS DERECHOS CIVILES

Otra organización que a pasado a las historia por sus batallas protegiendo los derechos civiles de la población es la **ACLU** o la **American Civil Liberties Union**. Esta organización es la organización guardián de los derechos humanos en los Estados Unidos. Ellos trabajan diariamente para promover legislaciones que preserven los derechos y las libertades de la población, siempre manteniendo en cuenta las leyes y la constitución.

Ellos también pelean arduamente para extender las libertades de las grandes partes de la población, como la comunidad de inmigrantes indocumentados, cuyos derechos son infringidos ya sea por su color, religión, inclinación sexual o su pasado criminal.

Si estas interesado en que la ACLU te represente los puedes contactar al ACLU, 125 Broad Street, 18th Floor, New York, NY 10004; PH:(212)549-2500; (www.aclu.org).

Otra organización histórica en la promulgación de las libertades civiles es **El Instituto Rutherford** la cual fue fundada en el 1982 para proveer asistencia legal a personas cuyas libertades constitucionales han sido violadas. Ellos han peleado casos hasta la suprema corte de justicia donde han defendido exitosamente las libertades del pueblo con una trayectoria excelente en cuanto a casos relacionados con las libertades de la expresión religiosa personal en lugares públicos y gubernamentales. Otros casos en los cuales tienen una muy buena trayectoria incluyen casos relacionados a acoso sexual, la cero tolerancia, la pena de muerte y muchos otros.

Si estás interesado en ser representado por **El Instituto Rutherford**, puedes contactarlos al The Rutherford Institute, P.O. Box 7482, Charlottesville, VA 22906-7482; PH:(434)978-3888; (www.rutherford.org)

AYUDA LEGAL CONTRA LAS UNIONES LABORALES

Si has sido la víctima de unionismo compulsivo, si te han forzado a formar parte de una unión, o si tus libertades civiles han sido violadas por una unión laboral, puedes llevarlos a la corte judicial y ser representado totalmente gratis por la National Right To Work Legal Defense Foundation, Inc. Esta es una fundación creada para defender las libertades de los empleados a ser representados por sus uniones laborales de una manera clara y apropiada a beneficio del empleado.

Si estas teniendo problemas laborales con tu unión puedes comunicarte con NWTW Foundation en el National Right To Work Legal Defense Foundation, Inc., 8001 Braddock Rd., Springfield, VA 22160; PH: (703)321-8510; (www.nrtw.org)

AYUDA LEGAL PARA VETERANOS DE GUERRA

A través del Veterans Consortium Pro Bono Program el National Veterans Legal Services Program ayuda a veteranos de las fuerzas armadas a apelar decisiones relacionadas a sus beneficios.

Si eres un veterano y tus beneficios como veterano han sido removidos o no aprobados ahora puedes apelar la decisión a través de este programa.

Para contactarlos puedes escribir al NVLSP, P.O. Box 65762, Washington, DC 20035; PH: (202)265-8305; (www.nvlsp.org)

AYUDA LEGAL PARA MUJERES

La **National Association Of Working Women** a través de su programa **9 to 5** se dedica a defender problemas que afectan a la mujer que trabaja como acoso sexual, e igualdad de sueldos. Desde su fundación en el 1973 ha batallado para exponer los principales problemas afectando a las mujeres en la agenda pública.

Para obtener asesoría de ellos puedes contactarlos a su línea de ayuda en el **1-800-522-0925**.

Si quieres contactarlos directamente para obtener su representación los puedes contactar al **9 to 5 National Office, 207 E. Buffalo Street, #211, Milwaukee, WI 53202; PH: (414) 274-0925; (www.9to5.org)**

Muy frecuentemente las mujeres se encuentran en relaciones no saludables y se convierten en víctimas de la violencia domestica, por esa razón **The National Domestic Violence Hotline** está disponible para brindarles ayuda. Establecida en el 1996 esta línea de emergencia fue hecha realidad por el congreso para proveer intervención de crisis, información, y ayuda con referencia a víctimas de la violencia domestica, los perpetradores, y sus familias.

A través de esta línea de emergencia víctimas de este horrible tipo de crimen tienen acceso a más de 5,000 centros de ayuda y programas en contra de la violencia domestica en los Estados Unidos, Puerto Rico, y las Islas Vírgenes.

Para contactar esta línea de emergencia lo puedes hacer al **1-800-799-SAFE o 1-800-799-7233** o a la website al **(www.ndvh.org)**

Si eres víctima de la discriminación sexual la organización que te puede proveer con la mejor ayuda y representación legal es **Equal Rights Advocates**. Ellos han estado defendiendo los derechos laborales femeninos desde el 1974 y presentemente se encuentran peleando la demanda más grande en la historia por discriminación sexual.

Otras causas que ellos representan incluyen problemas con permisos médicos para mujeres embarazadas, discriminación de embarazos, acoso sexual en el trabajo o las escuelas, como también la discriminación sexual.

Para ponerse en contacto con ellos solo tienes que llamar al **1-800-839-4372** o al **(415)621-0672**.

Lo más importante es saber que no estás solo. Gracias a la ayuda pro bono de estos abogados todas las personas en los Estados Unidos puede obtener representación legal en contra de las injusticias que nos agobian. Si has sido víctima de un crimen, de la discriminación o abuso de cualquier tipo, no te quedes callado(a), cada una de estas organizaciones antes mencionadas te está dando una voz. Ellos te brindan la oportunidad de obtener justicia, reparaciones y sobre todo evitar que otras personas como tú se conviertan en víctimas también.

Así que, si estas pasando por unas de estas circunstancias apurare, ponte en contacto con unas de estas organizaciones y has justicia.

CAPITULO 10

Otros Recursos Disponibles

A pesar de los recursos que hemos discutido en los capítulos anteriores hay un sin número de recursos que no hemos mencionado pero que pueden servirte de gran beneficio. Cada año hay millones de nuevas organizaciones que se dedican a proveer ayuda filantrópica a la población en general, a sus clientes, o a grupos con situaciones específicas. Cada año también, el gobierno crea nuevos programas para la difusión de bienes a la población por lo cual se hace esencial conocer como encontrar estos nuevos beneficios.

En este capítulo te voy a decir como encontrar las mejores oportunidades, las nuevas concesiones ofrecidas por el gobierno y mucho más. Es algo un poco difícil ya que para obtener la información debes revisar y leer muchas páginas, pero son los recursos primordiales que han hecho un libro como este posible.

Antes de eso me gustaría informarte de otras oportunidades disponibles a las que muy frecuentemente no se les presta atención. Dinero que está disponible por circunstancias que no caben en los capítulos anteriores pero que de una manera u otra pueden poner una gran cantidad de dinero gratis en las manos de muchas personas que lo merecen.

Por ejemplo, yo vivo en un área donde hay muchos cuerpos de agua en todas partes. Muchos lagos en cada esquina, canales y ríos. No solo eso, sino que cada año cientos de personas caen en esos ríos, canales y lagos y son rescatados por personas que se encontraban en el lugar correcto, al tiempo correcto, y que exhibieron un valor sobrehumano. Son personas que representan lo mejor de nuestras comunidades y lo mejor del espíritu humano; personas que arriesgan sus vidas para salvar la de su prójimo aunque sean totalmente desconocidos. Personas que son admiradas por nuestra sociedad, pero que al mismo tiempo que mantienen nuestra admiración pueden obtener dinero gratis como una forma de agradecimiento.

DINERO GRATIS POR HEROISMO

Cada año la Comisión Carnegie Hero Fund otorga medallas de reconocimiento y premios en dinero en efectivo a personas que demuestran actos de heroísmo en la vida civil.

Fundada en el 1904 por Andrew Carnegie, la Carnegie Hero Fund Commission ha otorgado más de 9,000 premios hasta hoy en día. No solo eso, ellos también proveen ayuda financiera a personas que han quedado deshabitados y a los dependientes de esos que murieron a través de estos actos heroicos.

Si consideras que conoces a un héroe en tu área puedes nominarlo en la website de la comisión, la cual está hecha de un panel de 21 personas que eligen entre los nominados y deciden quienes son merecedores de este tan distinguido honor.

Para comunicarte con el Carnegie Hero Fund Commission puedes ir al CARNEGIE HERO FUND COMMISSION, 436 Seventh Ave., Suite 1101, Pittsburgh, PA 15219-1841; PH: (412)281-1302; (www.carnegiehero.org)

$2,500 DOLARES PARA ESTUDIANTES UNIVERSITARIOS HISPANOS QUE ESTUDIAN EDUCACION

State Farm a través de su programa Good Neighbor ofrece el Hispanic Scholarship Fund a jóvenes universitarios. Cada año ellos otorgan becas de $2,500 dólares a 25 estudiantes en los Estados Unidos que estudian en la carrera de educación.

Para obtener información sobre los criterios de calificación y como aplicar puedes contactar al Hispanic Scholarship Fund, 55 Second Street, Suite 1500, San Francisco, CA 94105; PH: 1-877-473-4636; (http://www.statefarm.com/about/part_spos/grants/hispanic.asp)

DINERO GRATIS PARA ENSEÑAR Y PRESERVAR LAS HISTORIA DE LOS ESTADOS UNIDOS

A través del programa We The People el gobierno otorgar concesiones a personas que sometan proposiciones relacionadas a proyectos que exploren temas y eventos importantes de la historia y cultura Americana.

Estos proyectos pueden ser implementados por profesores, curadores de museos, cineastas, bibliotecarios y cualquier persona que tenga un proyecto interesante. Algunas de estas concesiones proveen hasta $80,000 dólares para que desarrolles tus planes.

Para obtener más información y aprender como aplicar para esta concesión puedes ir al (http://www.wethepeople.gov/grants/index.html)

AYUDA GRATIS PARA ENCONTRAR NIÑOS PERDIDOS

Si eres una persona que ha perdido a un ser querido y quieres encontrarlo(a) debes saber que hay una organización en los Estados Unidos que ayuda a encontrar niños perdidos. Si te encuentras en esta situación sabes que toda ayuda es muy preciada. Debes de ir a la policía y obtener sus servicios los cuales son gratis y también puedes contactar a Child Find of America, una organización sin fines de lucro que se dedica a encontrar niños perdidos desde el 1980.

Para contactarlos y obtener sus servicios lo puedes hacer al Child Find Of America, P.O. Box 277, New Paltz, NY 12561-0277; PH: 1-800-I AM LOST o 1-800------; (http://www.childfindofamerica.org/).

OBTEN $5,000 DOLARES PARA TU ORGANIZACION SIN FINES DE LUCRO

Si tienes una causa por la que trabajas en una organización sin fines de lucro y admiras a una persona que consideras ser un héroe de tu comunidad, lo(a) puedes nominar al programa de Héroes del Banco de América.

Ellos otorgan un cheque de $5,000 dólares a la institución que el(la) héroe local elija.

Si conoces a alguien que esté haciendo un muy buen trabajo comunitario, inspirando y ayudando a los necesitados, y a la juventud, puedes nominarlo en el (http://www.bankofamerica.com/foundation/index.cfm?template=fd_localheroes) a través de este programa, y quien sabe tal vez ganes $5,000 dólares para la caridad de tu selección.

¡Ahora si! Ahora podemos hablar de como encontrar estos recursos.

DINERO GRATIS PARA REPARAR DAÑOS A TU CASA

Una cosa que es requerida de cada persona que es dueño(a) de casa en los Estados Unidos es tener una póliza de seguro vigente que cubra la propiedad. Nadie sabe que desgracia puede suceder y afectar la inversión más grande que usualmente hace una familia, su casa. Lugares como la Florida son propensos a huracanes; California por su parte está propensa a terremotos; New Orleans ha tenido una mala suerte inmensa con el huracán Katrina y el derrame de petróleo sobre el golfo de Mexico; el Midwest está propenso a tornados; mientras que el Nordeste (Northeast) esta propenso a tormentas de nieves y blizzards. El punto es que nadie, en ningún lugar de la nación está a salvo de que una tragedia no prevenida afecte su vivienda de una manera accidental y en muchos casos casi irreparable. Y para estos daños esta el **HomeOwners Insurance** o póliza de seguro de casa. **Lo que mucha gente no se da cuenta es que este seguro no está solo para tiempos de tragedia, sino también para arreglar daños y hacer reparaciones de cualquier tipo a su casa.**

Primero, si crees que no tienes un seguro sobre tu casa, te pido que verifiques los documentos de tu mortgage y ahí encontraras que si estás pagando por el. El HomeOwners Insurance es usualmente pagado en tu tarifa mensual de tu casa o mortgage ya que la compañía que te ha dado el préstamo de tu casa lo considera necesario y nunca te aprobaría un préstamo o loan sin tener seguro sobre la propiedad.

Estas compañías se hacen de dinero del cliente porque la mayoría de las personas so saben que ellos pueden hacer reclamos para arreglar baños, cocinas, paredes, y otras partes de las propiedades que estén en desarreglo. Déjame darte un ejemplo.

Hace ocho (8) meses me percaté que mi fregadero en la cocina (sink) estaba botando agua por debajo, definitivamente un problema de plomería. Comencé a investigar y noté que estaba dañando la madera de la cocina, especialemte la de los paneles de madera. También noté que el problema estaba saliendo de la pared y que obviamente había sido producido por un fallo de las piezas originales de la casa. Así que decidí tomar acción. No mucho antes había oído de una compañía intermediaria o **public insurance adjusters** que hacía reclamos a compañías de seguro (Home Owners Insurance) para reparar los daños a casas, y exactamente, después de explicarles mi caso, me dijeron que si, este problema estaba cubierto por mi seguro y no solo eso, que muy posiblemente pudiese obtener que me remplazasen la cocina entera. No soy tonto, el que me reemplacen la cocina por una cocina nueva suena muy bien, especialmente cuando solo tengo algunas maderas corroídas.

Inmediatamente la compañía mediadora contacto la compañía de seguro la cual envió un representante a mi casa. No solo eso, la compañía mediadora mandó a uno de sus representantes a que también supervisaran al representante de la compañía de seguros para que todo saliese bien (ese es su trabajo – comunicarse ellos con la compañía de seguros, no tu. Ellos saben lo que hace y tienen años de experiencia).

El punto es que al fin y al cabo terminé con $11,873 dólares en un cheque de la compañía de seguros para reparar mi cocina. Obviamente ellos pusieron la estipulación de que tenia que mostrar que utilicé el dinero en el reparo de la cocina, y así lo hice. Reemplacé mi cocina, pero también buscando los mejores tratos en electrodomésticos, materiales, herramientas y mano de obra (utilice la mano de obra de un amigo lo cual le combino a el también) me ahorre la mitad y quede con $4,725.28 en dinero gratis.

La mayoría de las personas que tienen este seguro, lo cual es casi toda la población, no se da cuenta de que puede reparar su casa con este dinero y hacer mucho más.

Sé que tu también tienes una poliza de HomeOwners Insurance sobre tu propiedad, por eso te recomiendo que si notas el primer problema con tu casa contactes una compañía de Public Adjusters de home Owner's Insurance y hagas tu reparos totalmente gratis.

RECURSOS PRINCIPALES

La mayoría de los recursos que hicieron este libro una posibilidad están proveídos por el gobierno y tu también puedes estudiarlos. Más que eso, algunos puedes encontrar desde tu propia computadora.

El primer recurso que te recomendaría

estudiases es el **www.grants.gov**. En esta página web puedes encontrar más de 1,000 concesiones provistas por el gobierno federal. No solo eso, Utilizarla es completamente fácil, solo tienes que escribir una palabra clave que identifique el tipo de ayuda que estas buscando - ayuda para casas o salud - y te presenta con todas las opciones que caigan bajo tu pedido. También puedes buscar por ayuda basado en la categoría del tipo de ayuda que necesitas, y si eso no te convence, puedes también buscar ayuda reconociendo la agencia que necesitas o de donde viene la concesión que buscas.

Otro recurso gubernamental que me fue imprescindible fue el Catalogo Federal de Asistencia Domestica o The Catalog of Federal Domestic Assistance. Este es un compendio que el gobierno federal pública anualmente con la mayor cantidad de programas federales de ayuda representando el Departamento de Salud, Agricultura, el Departamento de Interior, Educación, y el Departamento de Justicia. En este catalogo puedes encontrar mas de 2,088 programas federales mucho de los cuales están en este libro. También lo puedes obtener en la red hiendo al **www.cfda.gov/**.

Para encontrar la ayuda de organizaciones no gubernamentales y sin fines de lucro tienes varias opciones y te recomiendo visitar a Foundation Center al **https://fdncenter.org/**, una website dedicada a mantener un centro de datos con las mayoría de las organizaciones sin fines de lucro en los Estados Unidos. Esta website también es increíblemente fácil de usar, solo tienes que saber el nombre de la organización que estás buscando, o si no sabes el nombre, te puede presentar todas las organizaciones sin fines de lucro que se encuentran en el área que tú determines. Ellos tienen en su centro de datos más de 100,000 organizaciones que han proveído más de 2 millones de concesiones. Estas son organizaciones que más de 2 millones de veces han proveído **DINERO GRATIS** a personas como tú. Así que ¿Por qué no a ti?

Motívate, lo único que está entre tu y el dinero gratis que mereces es el **¡APLICAR!**

CAPITULO 11

En Conclusión

La cantidad de **DINERO GRATIS** que hay en el mundo es increíble. Cada día los ricos tienen más, la clase media pierde más, y la clase trabajadora no tiene para suplir por sus necesidades. Por esto es necesario obtener la mayor cantidad del dinero que está disponible para nosotros. Este dinero te pertenece. No creas que los ricos se hicieron ricos sentados. No. Se hicieron ricos observando las oportunidades que se les ofrecían y tomandolas inmediatamente.

En este libro te he presentado esas oportunidades, así que tómalas, aplica a todas las concesiones para las que califiques y **veras como el DINERO GRATIS COMIENZA A FLUIR**.

Es estimado que más de $400 Billones de dólares no han sido reclamados por sus dueños en los Estados Unidos. ¿Cuanto de ese dinero te pertenece? Si no comienzas a buscarlo, nunca te darás cuanta.

Ahora mismo hay una institución, gubernamental o privada que se está haciendo aun más rica a base de dinero que te debe pero que no has reclamado aunque lo necesitas. No pierdas esta oportunidad de recaudar lo que es tuyo. Tampoco pierdas la oportunidad de reclamar la cantidad de **DINERO GRATIS** que cientos de organizaciones incluyendo el gobierno federal y estatal te brindan.

Como dije anteriormente, el rico se hizo rico tomando ventaja de todas las oportunidades disponible, por eso es que el 88% de las personas que aplican por ayuda federal no son pobres. Ellos son personas que aunque no tienen problemas económicos, como muchos, saben donde encontrar un buen especial y ahorrar su dinero. Es tiempo de que comiences a pensar de la misma manera, toma todos estos recursos y aplícalos a tu vida diaria y veras cuanto dinero comienza a llegar a tu casa, cuanto dinero comienzas a ahorrar, y cuantas más oportunidades te ofrece la vida.

¡Muchas gracias por leer este libro, espero te haya servido de gran beneficio, como la información que aquí está escrita me ha servido a mi!

¡Te deseo la mejor suerte!

Jenier E. Marmolejos

AGRADECIMIENTOS

Primeramente me gustaría agradecer a Dios por las bendiciones con que me provee cada día. Otras personas que han sido clave en la recolección de estos conocimientos son mi equipo de investigación – Jorge cantú, Magdalena Soler, Evita Piñales, y Roberto Colón. Muchachos sin su ayuda indispensable este proyecto no hubiese sido lo mismo. Gracias desde el fondo de mi alma por su arduo e incansable trabajo y por dispensar de sus conocimientos en cuanto a esta materia.

Un grupo de personas que siempre se merecen las mayores gracias de mi parte son mi familia – mi padre, mi madre, mis hermanos y hermana. Son una parte intrínseca de quien soy y por eso les agradezco inmensamente. Gracias por inspirarme, motivarme, y aconsejarme. Pero sobre todo, gracias por la paciencia y el amor incondicional que me brindan.

También a mis amigos, Cassandra, Lissy, lori, Diego, Suzanne, José, Sergio, Jacob, Brandon, the Glades crew, y Rob – una de las personas que mas sabe como sacar provecho y beneficio de casi todo.

SOBRE EL AUTOR

Desde su llegada a los Estados Unidos, Jenier E. Marmolejos ha observado la cantidad de oportunidades brindadas por esta nación a todos los que la quieren y aplican por ella. A través de años de provecho personal, en los cuales ha obtenido desde una educación gratis, dinero gratis, vacaciones gratis, hasta el reparo de su casa gratis - el ha obtenido el conocimiento necesario para vivir una vida relajado en la cual se puede conseguir dinero gratis para casi todas las necesidades.

Ahora, el busca educar a la población en general sobre los provechos disponibles para todos.

Dinero gratis para el Mundo Hispano es el primero de una serie de libros educativos para el consumidor hispano demostrando las mejores técnicas de cómo obtener dinero gratis que ofrece el gobierno, como también compañías privadas e organizaciones sin fines de lucro.

Made in United States
Orlando, FL
04 November 2026

90203407R00111